鉄道は誰のものか

上岡直見 著

緑風出版

はじめに

大都市圏の鉄道利用者は混雑のために絶えず不快な思いをしている。平日の通勤だけでなく休日に家族で外出しても混雑に遭遇する。加えて毎日のように発生するダイヤの乱れもわずらわしい。踏切支障や線路に人が立ち入るなど外部からの要因ならば鉄道事業者の責任ではないが、しばしば「お客さま混雑のため遅延」という放送がある。混雑でダイヤが乱れるという説明ならば「改善の見込みはない」と表明しているのと同じだ。各種の推定によれば、日本全体として人口が減少する中でも、大都市圏ではまだ人口増加が続くとされているから、このまま座視しても大都市圏の混雑解消の見込みはない。

「せまい車内も譲って広く」という標語がある。これを見て多くの人は現代のマナー標語の一つと思って何の疑問も抱かないのではないだろうか。しかしこれは戦前の一九三九（昭和十四）年六月の『写真週報』（当時の内閣情報部発行の広報誌）に掲載されていた標語である。すなわちこの時代から「混雑にはマナーで対処せよ」という発想が変わっていないのである。エネルギーや資源の欠乏を承知で戦争を始めておいて「足りぬ足りぬは工夫が足りぬ」という標語を国民に押しつけた発想と同じだ。清沢洌《きよし》（東京朝日新聞記者、評論家）は当時の鉄道の様子を「汽車の混雑、いわん方なし。鉄道員は『戦時下』という言葉を不親切と同意義と心得ているらし。どこでも喧嘩である」と描写している。[注1]これも現代の鉄道事業者が大音量の放送で「マナー、マナー」と利用者を怒鳴りつけている状況と重なる。戦時美談の存在が戦争を正当化しないのと同様に、利用者のマナーで混雑は正当化されない。

　日本の鉄道は、定時性・安全性の面で海外と比べて優れていることは確かである。しかし混雑についてはとうてい自慢できる状態ではない。むしろ混雑はそれ自体がリスクの要因（わずかなダイヤの乱れでホームや階段に人があふれるなど）となる。さらに万一事故が起きた場合には被害規模を大きくすることはＪＲ西日本の福知山事故[注2]をみれば明らかである。鉄道の利用者はこれからも押し合いへし合い、ぶつかり合いながら鉄道を利用するしかないのであろうか。鉄道事業者も改善の努力を怠っているわけではないが、鉄道は公共的な使命を有する一方でサービス業の性格もある。「こんなに努力しています」とみずからアピールしても利用者に評価されなければ効果を挙げているとはいえない。

　これまでにも鉄道の混雑に関する議論は多いが、その多くは鉄道事業者側の視点であり、現状を前提とした枝葉末節の技術論にとどまっている。一方で鉄道事業者は「マナー」の呼びかけに力を入れ、利用者がマナーを守れば鉄道がもっと快適に利用できるとアピールしている。しかしマナーのうち大部分は過度の混雑さえなければそもそも問題にならないはずだ。携帯電話や優先席をめぐって賛否両論が激しく戦わされているが、当事者同士の対立のみが強調され、混雑そのものを問う議論が乏しいのは奇妙である。昨今のマナーの呼びかけには明らかに行き過ぎがみられ、事実上は「強要」である。また協力する意志があっても、強制されるとかえって実行をためらう動機に変わってしまう場合もある。

　優先席の付近に「お譲り下さい。この座席を必要としている方がいます」というシールが貼ってあるが、そのようなことを言っている場合ではなかろう。日本の人口動態を考えれば「必要としている方」のほうが多くなるからだ。利用者は「座席を増やして下さい。みんなが座席を必要としています」とアピールすべきである。なぜ混雑が解消されないかを考え、利用者がもっと声を挙げれば鉄道は変わる。それだけではなく混雑の問題を考えることは、日本の政治・経済・社会のあり方を考えることでもある。そうすれば毎日の通勤・通学がもっとエキサイティングになるだろう。

高齢者や障害者の鉄道の利用に関しては、席を譲るの譲らないのという議論以前に、混雑そのものが大きな抵抗となっている。そもそもマナーとは自発的な行為であるところに意味があり、マナーを実践する側の心地好さが必要である。「強要」の印象が形成された時点でマナーの意義は失われる。利用者同士あるいは鉄道職員に対する暴力行為や、迷惑行為（いわゆる痴漢など）も過度の混雑さえなければ発生確率は格段に下がる。

むしろ昨今は過剰なマナー呼びかけがトラブルを誘発している。インターネット上には「高齢者に席を譲るように強要された」という投稿[注3]がみられる。またマタニティマーク論争がしばしば取り上げられる。妊娠初期には外見からはわからないためマタニティマークが考案され二〇〇六年三月から導入されたが、最近は「強要」と受け取られて反感を持たれると懸念してマークを小さくしたり、使用を控える人もあるという[注4]。外見からわからない障害などの人も同様でありヘルプマーク（東京都での呼び方）[注5]も考案された。しかし日頃は健康な若者でも、年に何回かは体調が良くない日や疲労が激しい日があるだろう。何か証明でもなければ着席してはいけないのだろうか。

インターネット上では「釣り（論争を巻き起こすための作り話）」や性別・年齢に関する成りすましが少

なくないから注意が必要だが、それを考慮しても鉄道事業者が過剰にマナーを強調するために、マナーや思いやりは強制されるものという認識が浸透して逆に反感が醸成されている。さらには行為そのものの有害性（携帯電話の電磁波など）の議論ではなく「マナーを守らない者がいることが怪しからん」という方向に議論が逸脱しているのではないか。一方で「お上からお墨付きを得ている」という意識なのか、見知らぬ他人に自己流のマナーを強要する者も出現している。これはヘイトスピーチなど排他的で不寛容な社会意識の蔓延とも共通性がある。こうした風潮はきわめて危険である。政府が何かの制限あるいは強制を示唆するきっかけを発信すると、国民のほうが忖度《そんたく》を重ねて、法的根拠もないのにあたかも公権力の命令であるかのような自己規制が働き、結果として国民に損害をもたらした例は過去に幾度も例を挙げることができる。

混雑を解消するにはどうすればよいか、二段階で考える必要がある。第一の段階は鉄道事業者の姿勢である。鉄道事業者は「マナー、マナー」と強調することによって、利用者のマナーがまだ足りないから鉄道の利用が不快であるかのようにキャンペーンを繰り返している。しかし利用者の協力はもはや限界である。第二の段階は交通政策すなわち政治のテーマである。鉄道事業者にも問題はあるが、現在の日本では一部の公営交通を除いて鉄道事業者も営利企業であり、その枠組みの中ではできることには限界がある。その枠組みを変えるには交通政策を変革しなければならない。

この考え方に基づいて本書では以下のように情報を提供するとともに、どうすれば鉄道を活用してより良い社会を作れるか考え方を提起したい。

第1章では、なぜ電車が混むのか本質的な原因を指摘するとともに、混雑を数量的に捉え、混雑を経済的な損失として検討する。多くの人が座れずに立って通勤することによる社会的な損失は、経済価値に換算して東京都市圏だけでも年間約九兆円に相当する。

第2章では、交通を人権の側面から考える。交通は単に物理的な移動手段ではなく、日本国憲法に規定されたさまざまな人権を実現するために不可欠な手段であり、民主主義のインフラである。また鉄道が社会的弱者にとってのセーフティネットでもあることを示す。

第3章では、鉄道の利用を通じて見えてくる日本の社会について、特に安易な技術信仰やIT信仰がもたらす弊害も指摘する。

第4章では、一見すると誰も反対できないような「マナー」の裏面にある多くの問題点について考える。

第5章では、しばしば赤字で鉄道事業の重荷として捉えられるローカル線の存在価値を考える。ローカル線に関しては「赤字路線を廃止すればその分の経営資源が大都市の路線の改善に回せる」という議論が絶えず提起されるが、そのような関係は存在しない。いま明治以来築き上げてきた全国の貴重な鉄道ネットワークが消滅の危機に瀕しているが、「赤字・黒字」だけを存在価値の基準とすべきではない。鉄道が有する社会的な価値を評価することを提案する。

第6章では、鉄道の環境的な位置づけを現代的な観点から改めて見直す。「鉄道はエコ（例えばCO_2削減）」といった一般論はもはや通用せず、鉄道の活用には新たな意義を見出すべきであることを示す。

第7章では、すでに着工されてはいるが、リニア新幹線がもたらす負の側面を指摘する。東京～大阪間を一時間で移動することよりも、現新幹線を値下げしたり大都市圏の在来線を改善するほうがはるかに多くの国民に利益をもたらすことを指摘する。

注

1　http://www.jacar.go.jp/shuhou/topics/topics03_04.html

2　ＪＲ西日本・福知山線の塚口駅〜尼崎駅間で、曲線の制限速度を大きく超えた走行により列車が脱線し、一〜二両目の車両は沿線の建物に突入する等の事態を招き、死者一〇七名・負傷者五六二名の被害を生じた。

3　一例は http://rakudaj.seesaa.net/article/3130212.html

4　「マタニティーマーク一〇年、世間の反感に自粛する妊婦も」。
http://www.asahi.com/articles/ASHB75SVDHB7PTFC014.html

5　http://www.fukushihoken.metro.tokyo.jp/shougai/shougai_shisaku/helpmark.html

目次

鉄道は誰のものか

第1章　なぜ電車は混むか

なぜ電車は混むか

なぜ大都市圏の電車は混むのか。専門家の分析を待つまでもなく常識で「需要に対して供給が足りないから」と考えるほかはないだろう。事故や災害でもないのに、生活必需的な財貨やサービスを手に入れるのに、いつも行列ができていることが自慢になるだろうか。「整列乗車」を日本の美風として称揚する意見がときにみられるが、むしろ日本の恥だ。以前の使い捨てカイロのテレビＣＭでダンプ松本が演じる「ドント・イレンコ！」の場面[注1]を記憶している方も多いであろう。ソ連崩壊直後（映像では明言していないが）の経済混乱で配給の列に並ぶ民衆の場面を使用していた。「日本の技術は世界一」という自画自賛とはおよそかけ離れた詰め込み輸送を改善する展望はあるのだろうか。残念ながらその答は「ない」。いまの鉄道事業者のあり方を根本的に変えないかぎり、より正確にいえば鉄道を営利事業の枠で考えるかぎり、いかなる対策も焼け石に水にとどまる。

梅原淳氏（鉄道ジャーナリスト）は、鉄道事業者にとってラッシュ時の収益性は低く、列車を増発すればするだけ経費が増加するので、意図的に混雑をそのままにしていると指摘している。[注2] 多くの利用者が集中するラッシュ時にはある程度の混雑はやむをえないと考える人もいるだろうが、足の踏み場もないほどの詰め込みがなぜ放置されているのか。ラッシュ時だけではない。東京都市圏の多くの路線では、始発から終電まで平均しても約二人に一人は座れない。付加料金を払ってグリーン車や定員制の「ライナー（ＪＲの場合）」を利用すれば別であるが「立って乗る」のが東京都市圏の鉄道のサービスレベルである。小さな子どもを連れて外出するとき、せっかく気を遣ってラッシュ時間帯を避けて利用しても混雑が続いていて落胆することも珍しくない。

過去半世紀における耐久消費財（冷蔵庫・洗濯機・エアコン・乗用車・温水器等）の普及からもみられるように、私たちの暮らしの利便性・快適性は著しく向上している。[注3]冷蔵庫と洗濯機はすでに三〇年以上前に全世帯普及に達したため、二〇〇四年で統計が廃止されたほどである。エアコンは一世帯あたりの複数所有が進展してなお増加している。物質面の豊かさと心の豊かさは比例しないという議論もわかるが、それでも利便性・快適性がここまで向上しているのに比べて、鉄道の詰め込み輸送がさしたる改善もなく、ひたすら利用者の「ご理解・ご協力」を呼びかけるだけという実態はあまりにも時代おくれではないだろうか。

図1は、国鉄から事業を継承した後に現在までに完全民営化（株式がすべて市場に開放された状態）したJR三社（東日本・東海・西日本）および大手民鉄二社の二〇一五年三月末時点での株式保有状況を示す。[注4]株式は個人でも購入が可能であり、民鉄では伝統的に沿線の「大衆株主」が一定の割合を占めている事業者もあるが、全体として株式保有数では金融関係の法人が八割あるいはそれ以上を占め、さらに外国法人（いわゆる投資ファンド等）が三割以上に達する会社もある。すなわち企業としての鉄道事業者は、個々に程度の差はあるが利用者よりも株主のほうを向かざるをえない。また経営者は現場に対する関心を失い机上の経営指標のみが主要な関心事になる。大都市圏における鉄道の混雑を緩和する見通しが得られないのはここに起因している。利用者の「がまん」を前提として詰め込み輸送には手をつけないほうが効率的に収益を挙げられるからである。

またこの状況は他にも多くの問題を生じている。東京都市圏の大手民鉄である西武鉄道（西武ホールディングス）では、株主の米投資会社から不採算路線を廃止する検討を求められたことさえある。[注5] まして大都市圏以外の地方都市・町村部に広大な在来線ネットワークを有するＪＲ各社に対しては、不採算路線を経営上の障害として排除する圧力が常に加えられていることは容易に想像できる。多大な人的被害を生じた福知山事故も、短期的には利益に貢献しない安全設備への投資の優先度が下げられていた背景も考えられる。

国鉄分割民営の主導者であった加藤寛氏（第二次臨時行政調査会第四部会長・政府税制調査会会長等を歴任）は、ＪＲ発足四年後（一九九一年）の時点で「その最大の実［一連の行財政改革のこと］は国鉄がＪＲに変わったことによって国民の『足』が国民の手に帰ってきたことである。もちろん累積債務はまだ巨額だし、整備新幹線やリニアの建設など宿題も多いが、何といっても、利用者の立場に立った『足』になったことの意義は大きい[注6]」と成果を強調している。

しかし図１に示すように日本の基幹的な鉄道ネットワークが海外の投資会社に売り渡され、大都市圏では利用者のがまんを前提とした詰め込み輸送は一向に変わらず、一方でローカル線はサービスレベルの低下が続いたあげく消滅の危機に瀕している。この現状は「利用者の立場に立った足になった」という評価に相当するであろうか。筆者は「国鉄の分割民営は、机の上の計画では見事に説明がついたが、これほど見事に現実面で破綻した政策も珍しい。しかも破綻の事実を誰もが知っているのに、分割民営の推進論者は責任を取らず、平然と『成功』を主張しつづけているという点でも前代未聞と言えるのではないだろうか[注7]」と指摘していた。

図1　国内鉄道各社の株主構成（所有株式数の割合）

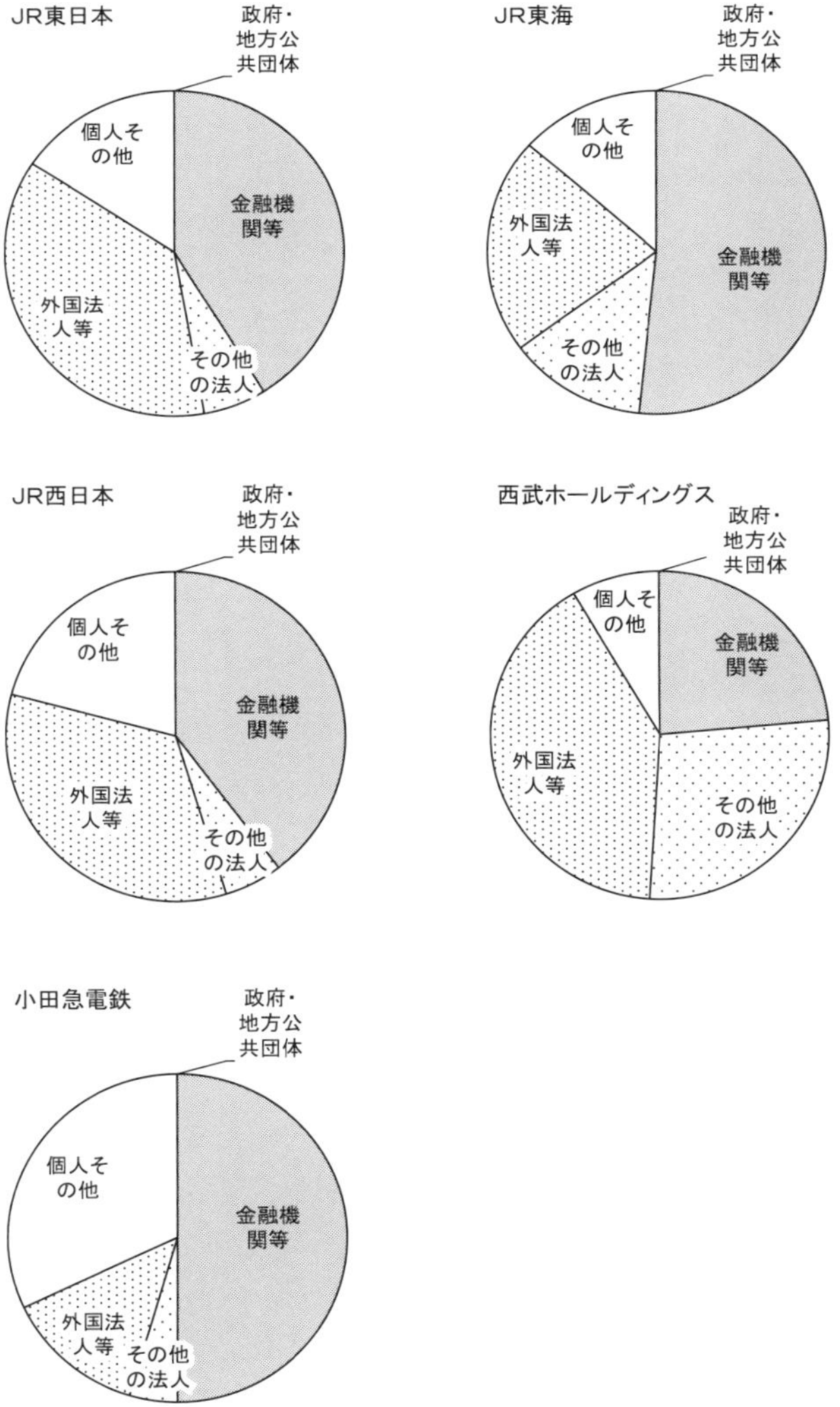

戦前のままのインフラ

日本では鉄道がきわめて有効に利用されており、地球上の鉄道輸送利用者の総数の六割を日本が占めている。[注8] しかし鉄道のネットワークは、新幹線と大都市の地下鉄の拡大を除くと、大まかにいえば戦前のままである。国民の人口あたりの営業路線kmとしてみると、日本のＪＲ・民鉄を合計してもＥＵの平均よりかなり少ないほどである。[注9] 別の側面からみれば、少ない設備で大量の利用者を輸送するために、世界一の正確な運行が不可欠とされている。そうしなければ、わずかな列車の遅れでもホームや階段に人があふれて混乱・危険を生じ収拾がつかなくなるからである。ただしこの営業路線kmのデータは「路線の存在」を示すのみである。一〜二両編成の列車が一日に数本しか走らない単線のローカル線でも、一〇両編成の電車が二〜三分おきに走る大都市の路線でも、区別なく営業路線kmを集計した数字であり、輸送能力については営業路線kmの数字のみで評価するのは適切ではない。

そこで輸送能力をみるために、図2に示すように同じ時期について鉄道の車両走行kmの推移を示す。車両走行kmとは、たとえば五両編成の列車が一〇km走行すると「五〇車両km」とカウントする。もし一〇両編成であれば同じ区間を走っても「一〇〇車両km」になり、輸送能力は二倍になることがわかる。これを全国的に年間で集計すれば全体として輸送能力の推移を示す指標となる。図にみられるように、新幹線およびＪＲ在来線・民鉄の車両走行kmは年を追って緩やかに増加している。ただしＪＲについては、発足前の一〇年ほどは輸送力の伸びの停滞がみられる。前述のように営業路線kmが大きく変わって

図2　鉄道の車両走行kmの推移

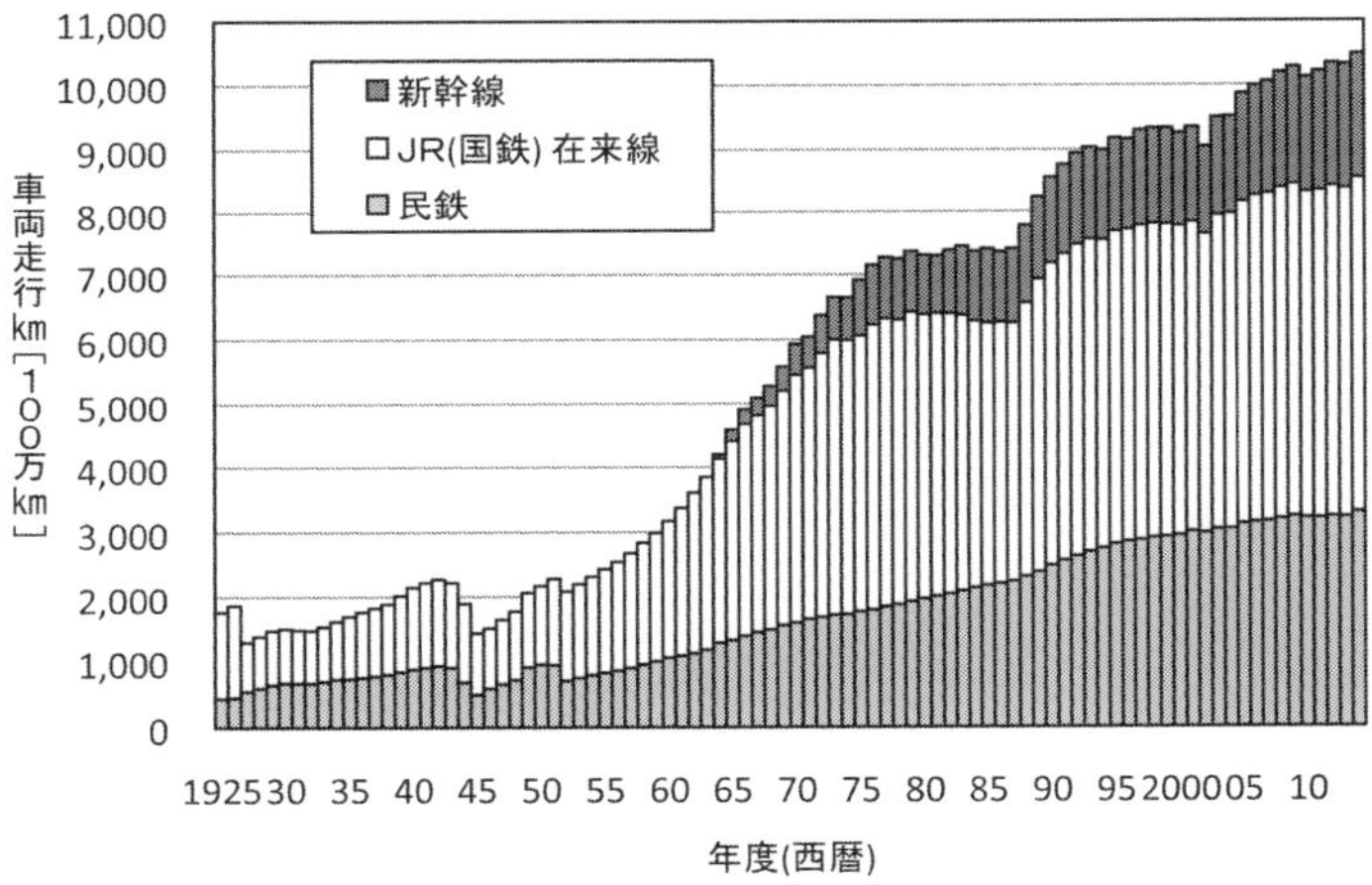

いないのに輸送能力が伸びている理由は、単線を複線に、複線を複々線にするなどの設備増設や、運転間隔を詰めて列車本数を増やす、列車一本あたりの編成両数を増やす、貨物線を旅客線に転用するなど、技術的な増強策を順次行ってきたためである。最近の首都圏における鉄道整備計画に関しては国土交通省の交通政策審議会が提言を行っている。[注10] その中には「国際競争力の強化に資する鉄道ネットワーク」として羽田空港へのアクセス路線など八件、「地域の成長に応じた鉄道ネットワークの充実」として地下鉄延伸や通勤路線の複々線化など一六件、これらに関連した「駅空間の質的進化」として三項目が挙げられている。ただしこれらも提言であって具体的に事業が始動しているわけではない。全体として混雑を根本的に解消するほどの輸送能力の増強には及ばないのが現時点での結果である。

なぜ混雑が根本的に解消できないのだろうか。当然ながら、輸送能力の増強には線路や車両を増やすために設備投資が必要になる。図3は、陸上交通（鉄道と道路）の分野において、過去の鉄道と道路に対する設備投資額の推移[注11]（ただし物価補正を行った数字[注12]）を比較したものである。JR（国鉄）・民鉄・公営など事業者の違いや時期によって設備投資の財源は多様であるが、まとめて鉄道のインフラを整備するために投資された額として表示している。いずれにしても鉄道と道路の設備投資には桁ちがいの差がある。この間の累積額では鉄道八％に対して道路九二％の比率である。一方で輸送量（人km）の累積でみると、年々自動車（道路）交通のシェアが増加してきたとはいえ、鉄道三六％に対して道路六四％の比率であり、輸送量の分担に対して鉄道への設備投資の比率は過小である。特に大都市の鉄道については部分的な増強（複線化・複々線化や地下鉄）を除けば、JR・民鉄とも基本的には戦前に形成されたネットワークのまま、技術的改良を積み重ねてようやく持ちこたえているのが現状である。しかも図3で示した設備投資の額には新幹線に対する投資も合計されているから、それを除くと都市の通勤対策に充てられた分はさらに少ない。これでは根本的な混雑解消がなかなか進展しないことは当然であろう。

輸送能力を増やすためには車両を増結して編成を長くする方法が最も単純だが、一本の列車が線路を占有する比率が増えて運転本数の増加には不利となり、限度を超えると逆効果になる。また電車の加速・減速を強めて列車の運転間隔を詰める方法は、車両の技術としては可能だが、しばしば体験するようにすし詰めの状況下での加速・減速によるドミノ倒し（体が斜めになって自分の重心を支えられない状態が伝播する）が常態化しており安全上の限界がある。ことに高加速・高減速による運転を昔から実施している地下鉄では問題があり、若い人でも発進・停止に際してバランスを崩している場面にしばしば遭遇する。

電車の性能を向上させてスピードアップすることは技術的には可能だが、すでに線路が満杯に近い

図３　鉄道と道路の設備投資の推移

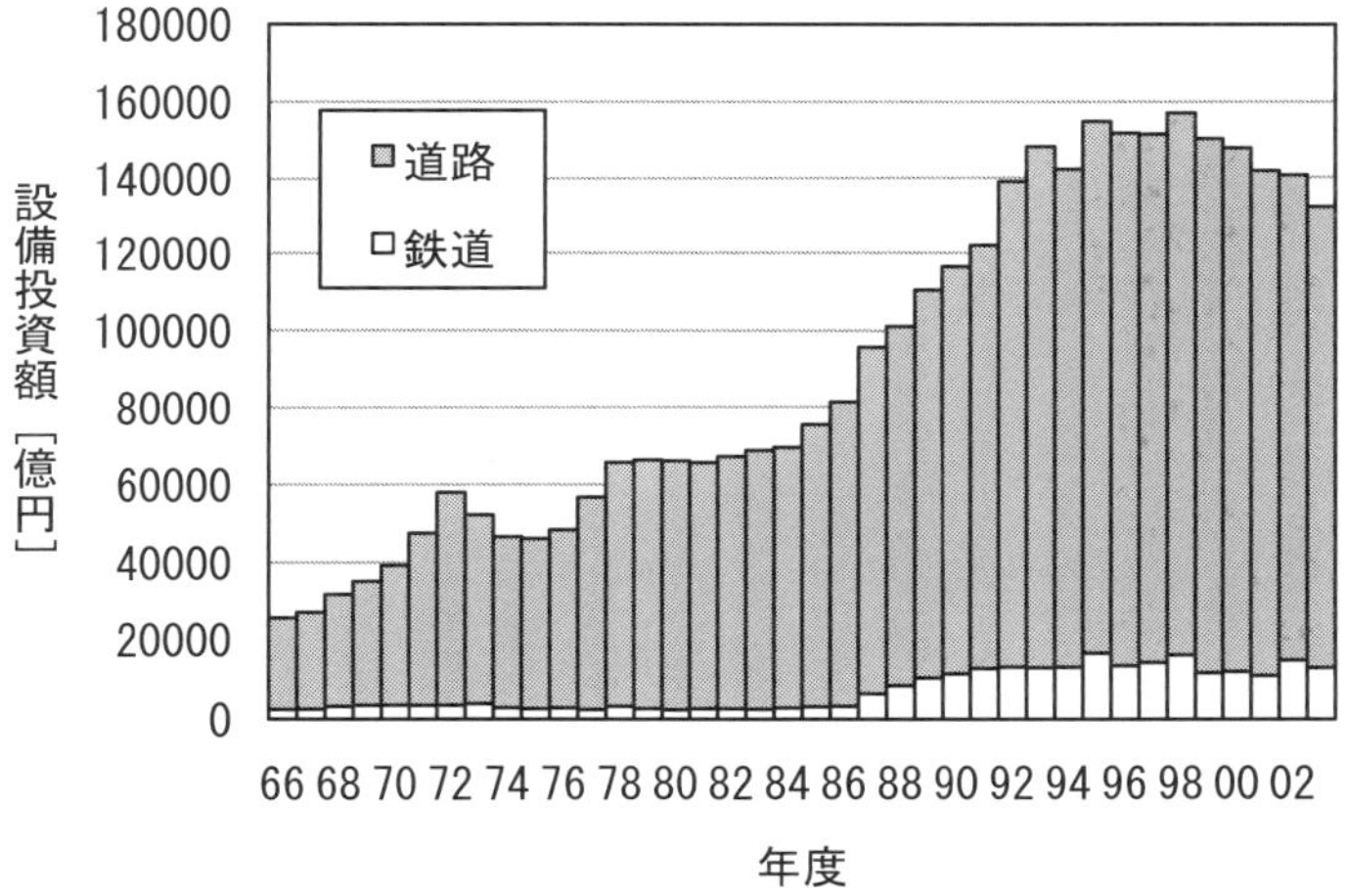

ラッシュ時には時間あたりの輸送力向上にはそれほど寄与しない。これは自動車でも、交通量の多い道路では個々のドライバーがスピードを出そうと試みても全体としてほとんど時間の短縮に寄与しないのと同じ理由による。一八九二（明治五）年に品川〜横浜（現・桜木町）で鉄道が開業したとき当時の列車は同区間を三五分で走っていた。しかも明治五年の所要時間は、機関車の性能としてはもっと速く走れたが、ブレーキの能力に不安があり速度を抑えていたという。現在の京浜東北線の電車は、同じ区間で駅が増えている影響もあるが、閑散時でも三〇分前後かかっている。鉄道の創業時から一四〇年以上を経て車両の性能は格段に進歩しているが、同じ線路に多くの列車を詰め込むとスピードアップには寄与しない。

　現在の線路設備のままでは、余裕を切り詰めて無理（安全が確保される範囲で）をしても輸送力を二〜三割ほど増やすのが限度と考えられている。また無理をすると何らかの小さなトラブルでも大きな混乱の誘発につながる。秒単位で遅延時間を分析する研究例[注13]もあるが、過度にそれを追求すれば障害者の乗降は困難になる。前述のようにＪＲ・民鉄とも、利用者より株主のほうを向いた姿勢では、各鉄道事業者の個別の負担によって輸送力を格段に増強せよと求めるのは無理であろう。鉄道ではそのインフラ整備を公的・政策的に保証しないかぎり、利用者本位のサービスはありえないのである。

今も尾を引く戦争の影響

前項で指摘したように、部分的に複々線にしたり貨物線を旅客に転用するなどの部分的な改良はあっても、基本的に戦前のネットワークと大差ないインフラではそもそも対応が無理であり、鉄道事業者の経営努力のみに期待することはできない。東京都市圏の鉄道の発祥は、特に民鉄に関しては今でいえば路面電車に近い形態であったため、ターミナル駅の近くには現在のように高速で長い編成の電車が走るとは全く想定していなかった急カーブが今もその名残をとどめている箇所が多い。

戦前における首都圏の鉄道整備について原田勝正氏（歴史学）は、

「また、常磐線では、一九三六年に上野〜松戸間の電化工事を完成して電車運転を開始したが、横浜線を除くと、これが戦前最後の東京における国鉄の電車化となった。当時、東京〜品川間の京浜東北線、横須賀線の急行運転計画が進められ、これに関連する駅改良工事も計画されていた。しかし、この計画は一九三七年の日中戦争開始によってついに実現しないで終わった。（中略）一九三七年以降、一九四五年にいたる日中戦争、太平洋戦争の時期は、戦時の輸送体制にいかに対応するかがつねに最優先され、改良工事はもちろん、保守もままならないという状態になった[注14]」

と述べている。この結果、戦後になっても各年度の国鉄の監査報告書には設備投資の項目で決まり文句のように「在来線では古い設備の更新を優先し…」と記載されており、分割民営を経てJRになってもその「戦後処理」から抜け出せなかった。国鉄にかぎらず民鉄も状況は大差なく、鉄道事業者は自らの負担で戦後処理をしつつ高度成長を支えてきた。鉄道事業者の負担はすなわち利用者が支払った運賃・料金でもあり、利用者が「詰め込み」の割に高い運賃という負担のもとに戦後処理を担わされ、それは今も終わっていないのである。一方で高度経済成長の時期にも鉄道整備は思うように進まなかった。その理由は自動車・道路重視の交通政策によって別の「戦争」が始まってしまったからである。前述の図3のようにインフラへの設備投資は道路に偏っており、この戦争こそが今では人々の交通の自由を阻害する最大の要因となって、高度成長を経ても新幹線を除いて鉄道のサービスレベルの向上が容易に進まなかった理由である。

インフラ整備の費用

実際のインフラ整備にどの程度の費用がかかるかは、過去の各プロジェクトの事業費の実績値をまとめたデータが国土交通省のウェブサイト「鉄道関係公共事業の評価[注15]」で提供されている。内容としては整備新幹線、都市鉄道の整備（地下部分が主体のもの、郊外部が主体のもの）、バリアフリー設備としてエレベータ・エスカレータ、転落防止柵・ホームドア、全体的な駅改良、耐震補強その他の災害対策などである。

プロジェクトごとに条件（用地費・施工方法や構造など）が大きく異なるので平均的な数字は示しにくいが、いくつか例示すれば表1のようになる。すでに発達した都市内に新線を建設するケースではとりわけ巨額の印象を受ける。しかし年間の鉄道利用者数は東京都市圏で七三億二〇〇〇万人、京阪神都市圏で二四億八〇〇〇万人、中京都市圏で六億六〇〇〇万人（いずれも後述するパーソントリップ調査から推定）、その他全国の鉄道利用者を合わせれば三五〇億人に達する規模の受益者が存在することを考えると、道路投資と比較してはるかに効果的な投資であるといえる。

「ガラアキ」こそサービス

鉄道利用時のマナーやトラブルに関する議論が数多くみられるが、その多くは過度の混雑がなければ論じる必要がない。「混雑の解消」こそ本質的な問題であるが、前述のように現在の企業としての鉄道事業者には、根本的に混雑を解消するインセンティブはない。この事実を隠蔽するために、鉄道事業者は繰り返し「マナー」を強調し、利用者がもっとマナーを守れば鉄道の利用が快適になるかのようなキャンペーンを繰り広げているが、問題を利用者のマナーに押しつけるのは筋ちがいである。大都市だか

表1　鉄道のインフラ整備の事業費

新線建設	整備新幹線	1kmあたり総事業費（億円）	80 ～ 100
	都市鉄道（地下部分主体）		200 ～ 300
	都市鉄道（郊外）		50 ～ 100
バリアフリー等	エレベータ	1基あたり事業費（億円）	1 ～ 3
	転落防止柵	1駅あたり事業費（億円）	1.8
駅の総合的改良	事業内容と規模により異なる	1駅あたり事業費（億円）	数十

ら、人が多いから仕方がないという説明では説得力が乏しい。

世界中に大都市は数多くあるが、少なくとも先進国を自称する国において、日本のような行列・詰め込み・接触やぶつかり合いが日常的に頻発し、利用者を大音量の放送で怒鳴りつける状況は他に例を見ない。

写真1は今からおよそ百年前の一九二〇年七月、当時の「阪神急行電鐵」の神戸線が開通した際に、阪急グループの実質的な創業者の小林一三《いちぞう》が発案したとされる有名な新聞広告である。小林は鉄道・住宅開発・エンタテーメント（宝塚歌劇）を複合させたビジネスモデルを成功

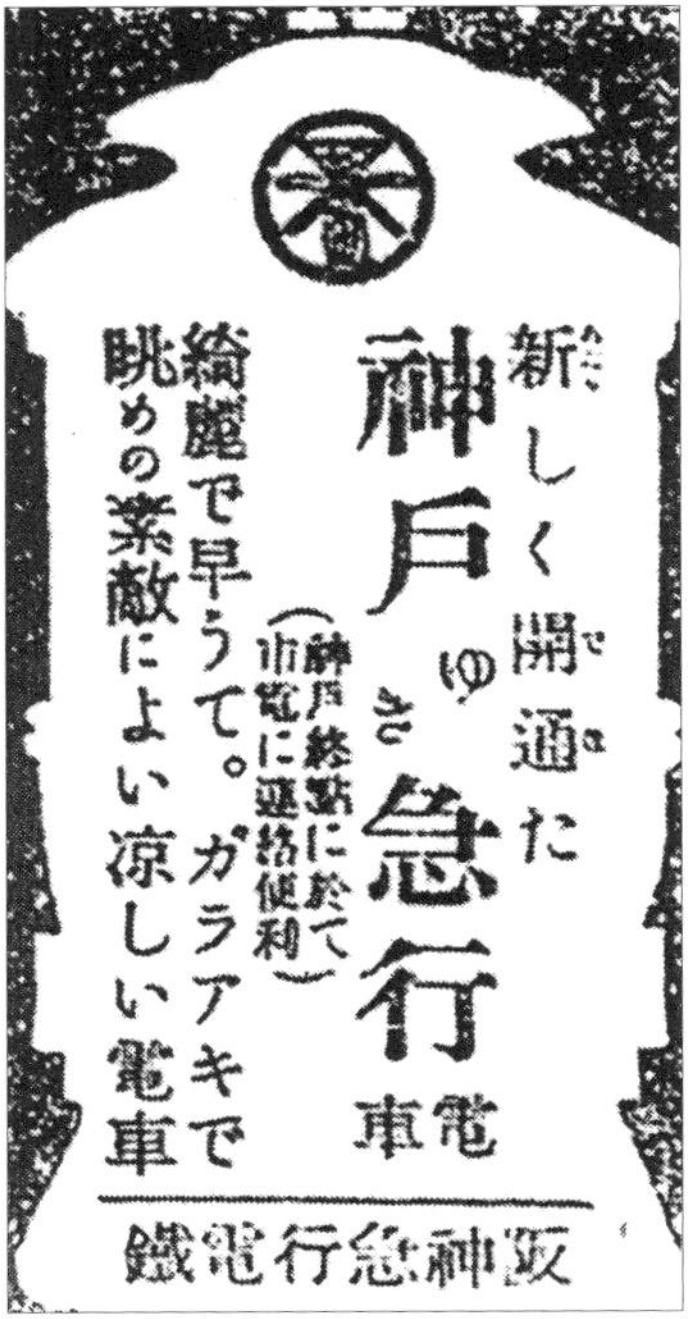

写真1　「ガラアキ広告」

させ、二〇一五年九月に放送されたＮＨＫの「放送90年ドラマ・経世済民の男」シリーズでも先駆的な経済人のモデルとして取り上げられた。そのキャッチコピーとは「綺麗《きれい》で早うて。ガラアキで眺めの素敵に良い涼しい電車」[注16]であり、鉄道関係者の間では「ガラアキ広告」として知られている。「ガラアキ」は諧謔《かいぎゃく》とも受け取れるが、このキャッチコピーには鉄道に求められるサービスの要素が凝縮されている。すなわち「他の路線（市電）と連絡が便利」「きれい」「速い」「空いている」「眺めが良い」という点である。

これに対して現在の都市鉄道はどうだろうか。沿線の住宅開発は受け継がれ、「涼しい」は機械的なエアコンによって達成されたが、その他の要素はおよそ逆行しており、ただ利用者のがまんを前提に改善するあてもなく「ご理解・ご協力」を繰り返すだけとなっている。

「混雑」を数字で捉える

利用者の実感として鉄道の混雑は否定しようがないが、本項では具体的なデータとして確認してみる。新幹線やＪＲの特急では座席の数イコール定員であるが、通勤用その他の一般車両では座席数と立席数（一人分の立ちスペースを一定の面積に換算）の合計を定員としている。「混雑率一〇〇％」というと、語感からは人が隙間なく詰まった状態を連想するが、立っている利用者も合わせて「座席につくか、吊り革につかまるか、ドア付近の柱につかまることができる」状態とされている。[注17]特定の路線・区間における具体的な混雑率は、次のように計算される。

「混雑率」＝「輸送量」÷「輸送力」（×一〇〇）％
「輸送量」とは、ある区間を実際に列車に乗って通過する人数
「輸送力」とは、ある区間の車両定員×通過車両数

ただし鉄道の混雑状況は、同一の路線・区間であっても時間帯別で大きく異なるので、正確には〇時〇分から〇時〇分までと時間帯を限って表示する必要がある。これより例えば京浜東北線の上野駅〜御徒町駅の間の最混雑時間帯である八時〇分から九時〇分まで一時間の間、七万四九六〇人の利用者が通過している。これに対して同時間帯・同区間では、一〇両編成の列車が一時間あたり二六本、すなわち延べ二六〇両通過しており、その定員（座席＋立席）合計は三万八四八〇人である。これより混雑率は一九五％と計算される[注18]（二〇一〇年測定、上野・東京ライン開通前）。

ただしこの混雑率はダイヤ上で設定された一時間あたりの運転本数が所定どおり通過しているとした場合であり、路線によっては日常的にダイヤの乱れが発生して計画上の運転本数が通過できていない路線も少なくない。この場合には輸送力のほうが少なくなるから実質の混雑率は計算値よりも高くなっていると思われる。

また混雑率とみかけの車内の状況は、国土交通省の定義などにより表2のような目安がある。ただしこの混雑率の定義では着席・立席は区別されていない。どれだけの人が座席に座れている（立っている）かを直接カウントしたデータは公表されていないが、目安として表3のような報告がある[注19]。一車両あたりの定員の算出方法が鉄道事業者や車両形式によって少しずつ異なるなど厳密な比較は難しいが、大都

表2　混雑率と状況

混雑率 %	状況
100	座席につくか、吊り革につかまるか、ドア付近の柱につかまることができる
150	肩が触れ合う程度で、新聞は楽に読める
180	体が触れ合うが、新聞は読める
200	体が触れ合い、相当な圧迫感がある。しかし、週刊誌なら何とか読める
250	電車が揺れるたびに、体が斜めになって身動きできない。手も動かせない

表3　着席の観点も加えた混雑率と状況

混雑率 %	状況
35	座席一杯
68	座席一杯と吊革半分程度
100	座席一杯と吊革90%程度
130	吊革全部の外、各ドア付近に10人ほど
150	吊革全部の外、中間にあまり隙間がなくなる
180	中間に隙間がなくなるが若干余裕がある
200	肩がふれあい、ほぼ満員状態だが新聞等はまだ読める
230	満員、新聞等は読めない
250	旅客は吊革、パイプ等につかまり、入口からの圧力にやっとこらえている
280	係員の手を借りないと車両に入れず乗り残りが出る。車内はほぼ超満員
300	超満員、ドアが開かないことがあり座席前の旅客は窓ガラスに手をつく。窓ガラスが破れることがある

市圏の平均的な通勤車両でロングシート（窓を背にしたベンチ型シート）を主体とした列車であれば、数字上の定員に対して座れる人の割合は約三分の一（この資料では三五％としている）である。すなわち混雑率が三〇～三五％以下であれば全員が座れる（ただし隙間なく密着した状態）が、それを超えると立つ利用者が出ることになる。

通常は前述のように目測で混雑率を推定しているが、この他に車両に利用者の重量を測定する計測器が設けられている場合には、その数値を日本人の平均体重で割って人数を概略で推定することが可能である。また重

図4　主要路線・区間の混雑率

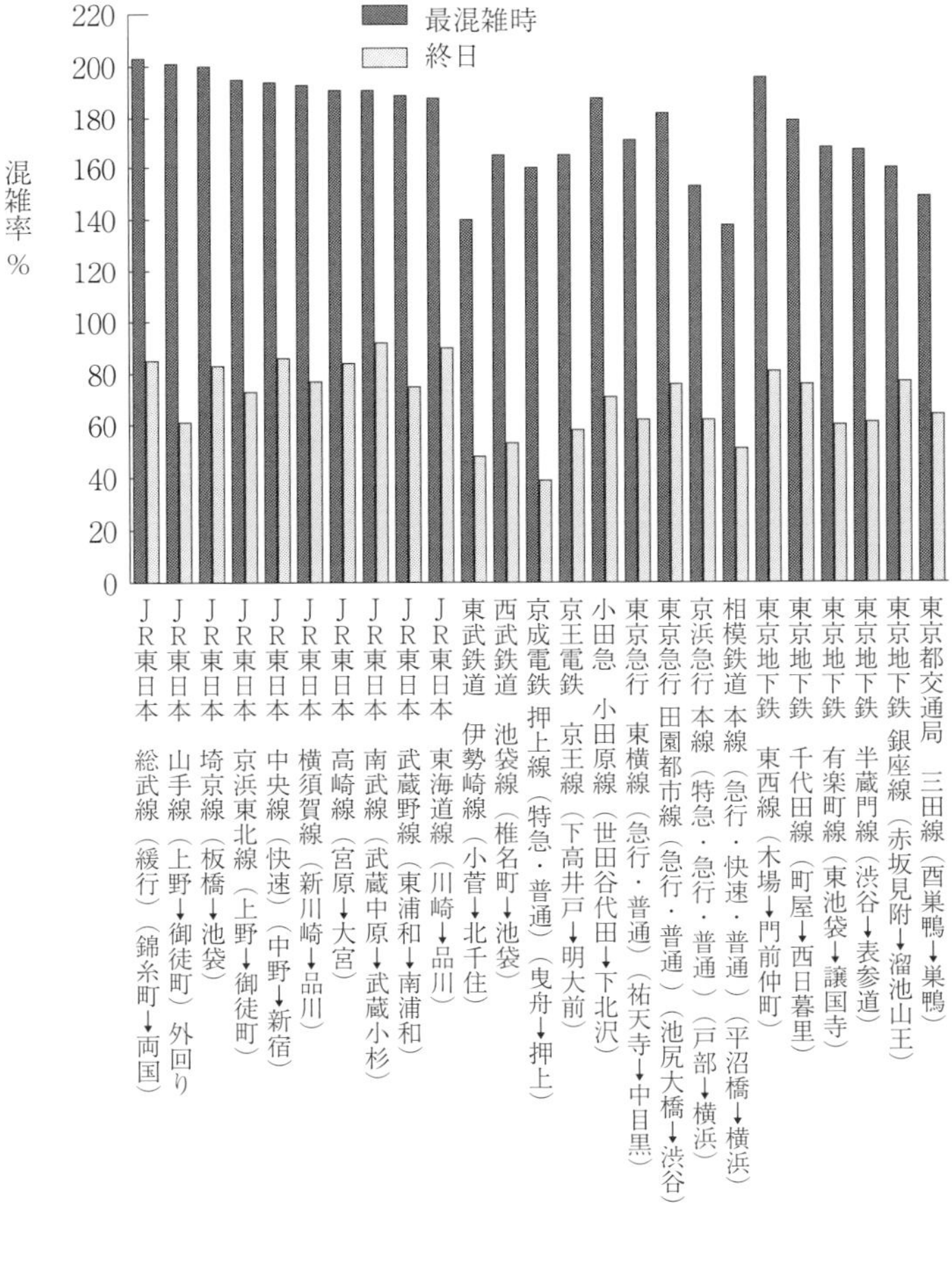

量の時間変動を秒単位で記録できるので、駅での乗降時の利用者の動きを推定することもできる。[注20] 最近では自動改札機のデータも集積されており各駅での乗降人数は正確に計数できていると思われるが、その人数がどの列車にどれだけ乗ったかは判別できない。またこれらは部内資料であるため通常は公開されていない。駅や車内のビデオ映像（監視カメラ）で数える方法も採用されているが、まだ研究の段階にとどまっている。

首都圏各線の実態

前述のようなデータ上の不確定要素はあるが、実際にどの路線がどのくらい混雑しているのか毎年調査が行われている。前述の『都市交通年報』（現時点で刊行されているデータは平成二四年版）には三大都市圏の主要路線・区間の「最混雑時一時間」と「終日（平均）」の混雑率が示されている。ただし『都市交通年報』の標準定員は、各車内（乗務員室や機械設置箇所を除く）の面積を旅客一人あたり面積〇・三五～〇・四〇㎡（車両形式によって使い分ける）で割った数値である。いくつかの代表的な路線のデータを図4に示す。

一般に混雑率といえばラッシュ時の問題と捉えられるが、着席・立席の検討では始発から終発までの終日平均の数字にも注目する必要がある。着席の観点でみると始発から終電まで平均しても混雑率が三〇～三五％を下回る路線はなく、ほとんどの路線（区間）で始発から終発まで平均しても座れる人のほうが少ないどころか、吊革まで一杯の状態が続いていることが示されている。しばしば優先席付近での電子機器の使用や、ベビーカー使用の是非をめぐって「混雑時は」という条件つきの議論がみられるが、首都圏の代表的な路線ではそもそも「混雑していない時間帯」すなわち他者の存在を気にしなくてよい時間帯のほうが例外的と考えられる。

なお混雑率の計算に際して「通過車両数」の考慮が必要であるが、ラッシュ時だけでなく終日の混雑を検討する際には、時間帯によって編成両数が異なる点にも注目する必要がある。例えばJR東日本の東海道線・東北線等の列車では、ラッシュ時は一五両編成で運転されているが、時間帯によって短い一〇両編成で運転される。鉄道事業者の立場では、ラッシュ時以外には短い編成で運行して経費の節減をはかる意図はわかるが、朝六時台ですでにラッシュが始まっていても、また九時台でまだラッシュが終わらない状況でも、短い編成が使用されるケースがみられる。自動放送や表示装置で編成両数の案内はしているが、気づかずに一五両編成の並び列で待っていた利用者が先頭車に殺到して乗りきれないほどの混雑が発生することがある。この場合は「きちんと並んでいたのに無視された」という不満が生じる。休日の昼間でも同様に混み合い、休日を楽しむ雰囲気とはほど遠い。

同じくJR東日本では、二〇一六年三月のダイヤ改正で中央線の昼間時間帯の運転本数を削減した。[注21]これは明らかにサービスレベルの低下であるが、同社はじめ多くの鉄道事業者では「実態に合わせて見直し」といった表現で体裁を整えている。これは戦時中の政権が「退却」を「転進」と言い換えて印象操作を試みたのと同様の印象を受ける。このような状況でさらに大音量の放送で「整列乗車」「譲り合い」と叱りつけられるようでは、特に子供づれの利用者は積極的に鉄道を利用したいと思わなくなるのは当然である。

ただでさえ不快な混雑がある状況で、最近の若者の中にはますます鉄道の利用を嫌う傾向がみられる。原田曜平氏（広告会社研究所リーダー）は若者の中のあるグループを「マイルドヤンキー」と名づけている。このグループは、山手線のターミナル駅まで三〇分程度の圏内に住んでいても「電車に乗るのが嫌い」で都心に出かけることを好まないとしている。中学生時代までの地域の人間関係を主として生活し、新しい情報に触れて刺激を求めるといった発想に乏しく、見知らぬ他人と同席することを嫌うという。[注22]混雑した鉄道ではなおさらであろう。

都市圏の人の動き

個々の路線ごとの輸送状況については前述の『都市交通年報』で得られるが、交通政策の観点で分析・提言を行うためには、都市圏全体として誰が（年齢別、職業別、障害など移動の困難性）・どこからどこへ・いつ・何の目的で・どのように（鉄道・バス・自動車など）移動しているかという全体的なデータが必要である。これを把握するために大規模な調査が公的機関により定期的に行われている。首都圏を対象にした代表的な調査として、東京都市圏交通計画協議会による「東京都市圏パーソントリップ調査[注23]（二〇〇八年実施・二〇一一年公開）」や、国土交通省による「大都市交通センサス調査[注24]（二〇一〇年実施・二〇一一年公開）」がある。

これらは大規模な調査のため毎年は行われず、パーソントリップ調査は約一〇年ごと、交通センサスは約五年ごとに行われる。さらに結果の集計・公表に二～三年の遅れがあるので必ずしも最新状態を示しているとはいえないが、近年は高度成長期とは異なって短期間で大きな変化はみられないため、全体の状況を把握する基本的なデータとしては有効である。このほか中京都市圏[注25]や近畿都市圏[注26]についてもデータが提供されている。その他の都市圏でも各種の調査が行われているが、その一覧は国土交通省ウェブサイト[注27]を参照していただきたい。

また「国勢調査[注28]」も参考にする場合がある。国勢調査には、通勤・通学先の調査項目があり、市区町村相互での通勤・通学の移動が把握されるが、パーソントリップ調査よりは粗いデータとなる。これらのデータはいずれもホームページあるいは刊行物として取得できる。なお最新の都市交通センサス調査は二〇一五年一一月一七日〜一九日（回答はそのうち一日）に行われたが、結果は本書の執筆時点ではまだ集計されていない。なお同年の調査期間中には、首都圏の各線で連日大きなダイヤの乱れがあって振替輸送が実施されるなど、起点・終点・所要時間などに異常データが混入した可能性もある。都市交通センサス調査に限らずいずれの調査でも、祝日や連休がなく平均的な状況の平日を選んで行われるが、前述のように予期しないさまざまな変動がありうる。こうした不確実性を伴ったデータではあるが、調査の結果は「東京圏における主要区間の混雑率[注29]」などとして公開され、基本的なデータとして利用されている。

「立席」の経済的損失は年に九兆円

道路交通に関しては、渋滞による時間損失を経済価値に換算した数値がしばしば報告される。たとえば国土交通省は、その損失は全国で一二兆円、首都圏で二・八兆円、東京都で一・二兆円などと試算している。[注30]こうした数値は、渋滞緩和のための道路投資が必要であるという説明に使われるが、それならば鉄道の混雑についても同様に考えるべきであろう。目測や体感によるだけでなく、混雑を数量的に取り扱う研究は国内外を問わず以前から行われてきた。道路の渋滞と同じように混雑を経済的な損失に置き換えて評価するためである。それによって混雑解消のための設備投資の費用対効果なども検討することが可能である。

国土交通省は「鉄道プロジェクトの評価手法マニュアル（二〇一二年改訂版）」で、混雑率に応じて利用者がそれをどの程度の追加的な時間負担として感じるかについて、検討結果をまとめた係数を例示している。[注31]たとえば混雑率が二〇〇％になると係数が〇・一六となるが、これは利用者にとって実時間で一時間乗車したときに、その〇・一六倍すなわち約一〇分の追加的な時間負担（合計一時間一〇分）として評価されることを示す。この時間を経済価値（一分が何円に相当するか）に換算することにより経済損失として評価することもできる。人間の感覚を数値化した指標だけにさまざまな報告例が紹介されており マニュアルにはかなりばらつきのある係数が例示されている。前述の「一時間立つことに対して約一〇分の追加負担」も体感としてはやや過小評価と思われるかもしれない。ただしどの研究でも、混雑率が二〇〇％を超えたあたりから時間負担の係数が急上昇する傾向は同じである。

この「評価手法マニュアル」の報告例では、乗車率一〇〇％すなわち約三人に二人が立つ状態まではほとんど係数はゼロに近いので着席・立席は区別して評価されていない。これに対して別の研究では表4のような数値もある。「鉄道利用で着席」を基準（一・〇）として、立席の場合・徒歩・待ち時間・乗

表4　乗車状況による等価時間係数

	鉄道で着席	鉄道で立席	徒歩	待ち	乗換1回	バスで着席	バスで立席
通勤　東京	1.0	1.4	2.5	1.0	7.0		
通勤　長崎	1.0	1.4	1.7	1.8	8.7		
通勤　大阪	1.0	1.4	2.4	1.0	9.8	2.1	2.8
業務大阪	1.0	1.5	2.1	2.1	8.7		
吹田（測定例1）	1.0	2.0	3.7	2.6	20.1	1.4	3.0
吹田（測定例2）			2.0	1.9	22.2	1.0	2.1
乗換1回の等価時間は分／回、その他は無次元							

換・バスで着席・バスで立席などはどのくらいの倍率で時間負担として感じているかといういくつかの調査結果のまとめである。[注32]また同一方面の列車が次々と運転されていて、目前の列車を見送って次の発車の列に並べば確実に座れると思われるとき、何分までならば待てるかという数値として解釈することも可能であろう。外国の調査例もあるがここでは国内の例のみ抜粋して示す。これも調査によってかなりばらつきがあるが、概略で鉄道で着席している場合を一・〇とすると、立席では一・五〜二・〇倍くらいの時間に感じるという結果となる。またバスの係数が大きい結果は、鉄道と比べてバスでは着席していても乗り心地（安定感）が劣り、立って乗車することはさらに労力を必要とするので長く感じられることを示している。いずれも利用者の実感におおむね合っているのではないだろうか。

前述の『東京都市圏パーソントリップ調査』によると、東京都市圏では平日の一日に約二五〇〇万人（正確には「トリップ数[注33]」）が鉄道で移動している。その平均所要時間は六三分であることから、単純に計算すると、首都圏で一日に約二六三〇万人・時が鉄道による移動に費やされている。これと『都市交通年報[注34]』の混雑率のデータを通じて、どのくらいの利用者が立ったままの乗車を強いられているかを推定することができる。なお法的には鉄道（その他すべての陸海空の交通手段）は定員を超えて乗客を乗せることは違法であるが、鉄道とバスに関しては誰もその違法性を指摘しない。ともかく同年報の二〇一二年版によると最大は二〇三％であるが、着席という観点から考えると全員が着席した状態は混雑率であらわすと約三〇％であるので、二〇三％ではおよそ七人中一人しか座れない状態である。これは最混雑時間帯のデータであり、大都市のラッシュ時であれば座れなくても仕方がないと考える人もいるかもしれない。しかし主要区間については終日（始発から終電まで）の混雑率を平均しても六二％の混雑率、すなわちおよそ二人に一人は座れない状態である。これは交通機関としてきわめてサービスレベルが低いといわざるをえない。

次に経済価値にしてどのくらいの損失が生じているか試算してみる。前述の「パーソントリップ調査」『都市交通年報』等を組み合わせて推定すると、たとえば東京都市圏全体（東京都・神奈川県・埼玉県・千葉県・茨城県南部が対象）では、粗い推定ではあるが一日に一二六〇万人、すなわち東京都の全人口に匹敵するほどの利用者が毎日座れずに移動していると考えられる。前述のように、立って乗車する時間は座って乗車する時間に比べて二・〇倍の時間と感じられるとすれば、東京都市圏全体として一日あたり約一三〇〇万時間に相当する時間が費やされていることになる。一方で、国交省で時間を経済価値に換算する数字として一分あたり四七円（東京都）という値が提案されている。[注35]この値を適用すると、一日に一二六〇万人の利用者が座れないことは約三六〇億円の経済的損失に相当し、年間では約九兆円という額に達する（平日のみ集計）。すなわち年間約九兆円の費用を、さまざまな労力（詰めこみ・ぶつかり合い・座れないなど）として利用者が負担していることによって、現状の東京都市圏の鉄道輸送が成り立っているのである。

「着席」の経済価値

一方で追加料金を払っても座りたいというニーズも存在する。ＪＲでは「ライナー」[注36]という名称で、座席数分しか発売しない（座席番号は指定されないが着席は保証する）方式の列車があり、追加料金は三一〇～五一〇円（地域により異なる）に設定されている。民鉄にも同種の列車が同程度の料金で運行されている。また保証はないが着席の可能性が高い利用法としてＪＲではグリーン車がある。普通（快速）列車のグリーン料金は五〇㎞まで七七〇円[注37]である。一方で利用者は着席に対して現状ではどのくらいの支払意思を有しているのだろうか。研究の一例として、四〇分乗車する場合を想定して、混雑率一八〇％（吊革の中間に隙間がなくなるがまだ若干の余裕がある）の状態から着席するためには、三五九円の支払意思があるとの推定が示されている。[注38]ＪＲにおいて着席の価値が約三〇〇～五〇〇円に設定されている実態と合っていると考えてよいだろう。これより鉄道が積極的に有償で着席サービスを提供すれば大きな収益源として期待できるとも解釈できる。この考え方に基づき大塚良治氏（湘北短期大学）は経営学の観点から、[注39]また阿部等氏（株式会社ライトレール）は混雑解消の設備投資の原資として有償の着席サービス推進を提案している。[注40]

しかし追加料金の方式は公平性の観点から疑問がある。日本では、法的な義務ではないものの被雇用者の通勤費は雇用主の負担とすることが慣例とみなされてきた。すなわち通勤の範囲では多くの被雇用者は鉄道を事実上「無料」で利用している上に、休日に私用で通勤定期券の有効範囲を利用することも制限されていないから、むしろ給付の性格がある。

一方で近年は非正規雇用の拡大に伴って通勤費の面でも非正規雇用に対する差別的な取扱いが増加している。通勤費が実費分も支給されない（あるいはそのために就労に制約を受ける）低収入の労働者が有償の着席サービスを容易に利用できるとは思われない。また通勤時間の面でも正規と非正規では格差がある。非正規雇用の中でも、いわゆる「派遣」の労働形態ではいつどこで勤務するか特定できず、従って勤務先を条件として住居を選ぶことができないから、必然的に通勤時間が長くなる可能性が高い。通勤時間は労働時間としてカウントされない一方で、睡眠・休養など生活の質や健康レベルに及ぼす影響は大きい。これらの問題を考えると、有償着席サービスの利用が高収入の正規雇用者に限られるとすれば、交通の質的な面における格差の拡大を助長することになる。

東京都市圏の鉄道の存在価値は年に四五兆円

デンマークのベンツェンは一九六一年に、「自動車保有率が人口一〇〇〇人あたり五〇〇台に達した状態で、自由に都心部へ乗用車で往来できる新計画の都市は人口二五万人が限度で、それ以上の人口では自動車だけで動けるような都市を造ることは不可能である」としている。また一九六三年に発表されたイギリスのブキャナンレポートでは、「自動車保有率が人口一〇〇〇人あたり五五〇台に達した状態で、その都市で一斉に自動車を使用できるような道路計画を立てることは物理的にも財政的にも不可能で、大量輸送の助けが必要である」としている。[注41] 厳密には保有台数だけでなく、それらが実際に道路上に出てくる「稼働率」を考慮しなければならないが、日本での自動車の使い方などを考慮して「自動車保有率が人口一〇〇〇人あたり四〇〇台・かつ人口二〇万人」という基準で集計すると、現在の日本で大量交通機関（主に鉄道）がなければ自由な移動が困難と考えられる都市は八二都市（政令指定市は区を一都市と数える）が該当し、その人口の合計は二九〇〇万人に達する。

鉄道輸送の問題は道路交通にも無縁ではない。大都市圏では鉄道ネットワークがなければ社会・経済活動が成り立たないことは容易に想像されよう。鉄道はどのくらいの経済価値を生み出しているのか推計してみる。前述のように道路交通の分野では、道路の容量を増やすことによって渋滞が解消されることによる時間節約効果を経済価値として評価している。もしそのような評価をするならば大都市圏の鉄道の経済的な存在価値も同様に評価されるべきであろう。

かりに鉄道ネットワークがなかったとして、現状の交通量を道路（自動車交通）で処理しようとしたら渋滞はどのくらい激化するだろうか。その状態がはからずも現実化した事例もある。それは二〇一一年三月一一日の東北地方太平洋沖地震に際して、当日の夜に東京都市圏の大部分の鉄道が運行を見合わせた時である。勤務先等に仮泊したり徒歩で帰宅した人もあるが、自動車での移動（家族による送迎など）を試みた人もあり東京都市圏の道路では深刻な渋滞が発生した。もし鉄道がなかったらこのような状態が日常化することになる。

大都市でも、通勤（退勤）や業務で使用される自動車にはたいてい一台に一人しか乗っていない。すなわち「自動車」はたくさん走っているが、自動車が占有する道路空間のうち「人」の移動に有効に使われている割合はわずかに過ぎない。図5は、道路の交通量（一時間あたりの通過台数）と走行速度の関

図5　道路の交通量と速度の関係

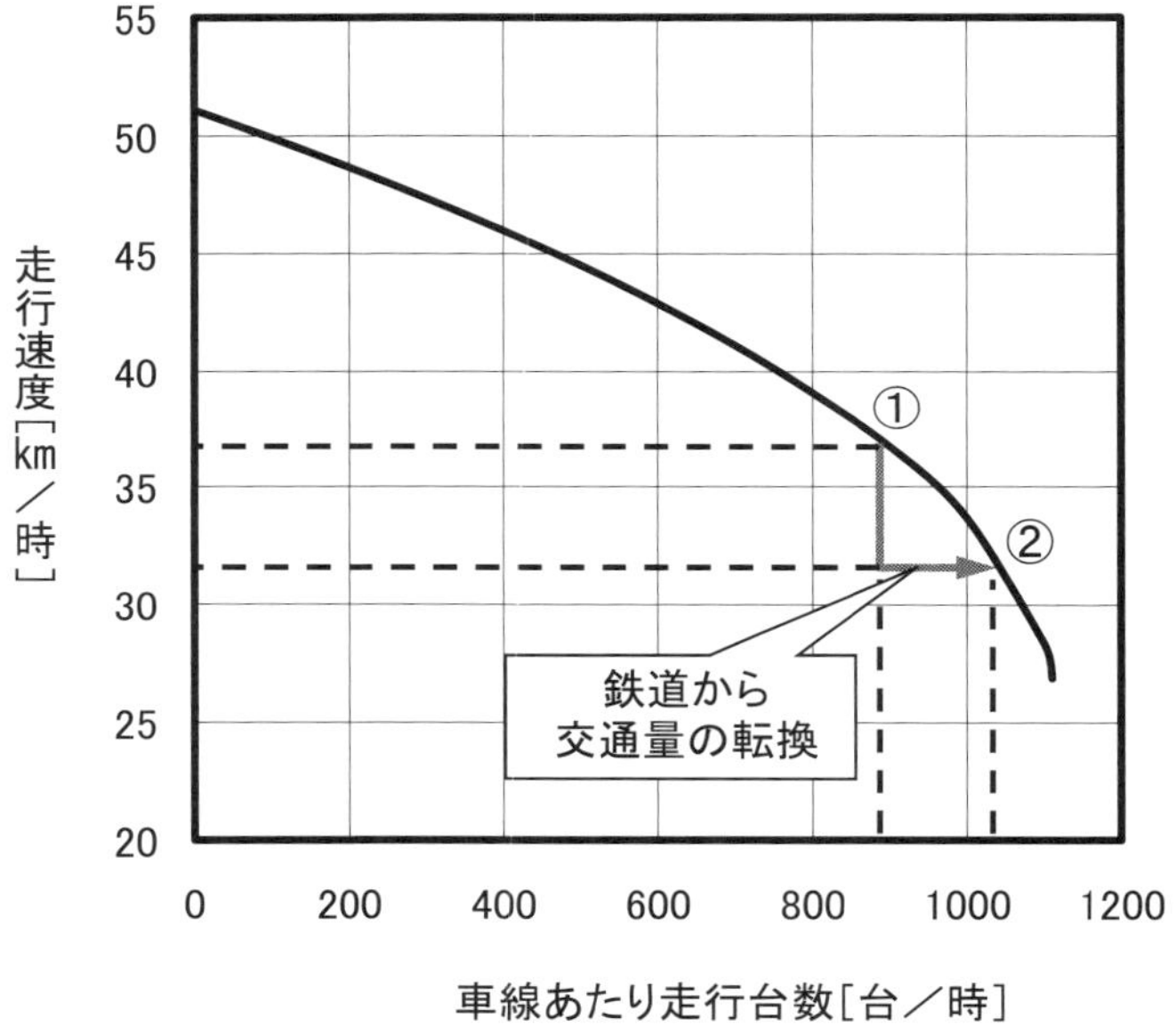

係を示す。どのような道路でも、交通量が少ないときは自由に（信号その他の規制は守って）走行できるが、交通量が増えてくると次第に速度が低下し、ある限界を超えれば道路全体が詰まって動かなくなる。ここで鉄道が運行されている現状で道路の交通状況が図の①であったとする。もし鉄道が廃止されてその分の人が自動車に転換すると、道路の交通量が増えて②の状態になる。すると走行速度もそれにつれて低下する。場所によっては、ある限界点を超過するとそれまでになかった渋滞が発生する可能性もある。もし東京都市圏に鉄道がなければ、道路を利用する全員に対して時間の損失が生じることになる。

　東京都市圏全体にわたって発生する

時間損失を経済的価値（前述）に換算すると、粗い計算ではあるが平日だけを集計しても年間およそ四五兆円に相当する。すなわち東京都市圏に鉄道が存在しなければこの金額に相当する経済的損失が発生するとみなされる。それが一日に二五〇〇万人の「がまん」によって成り立っているとすれば、鉄道の混雑解消その他のサービスレベル改善のために公費を投じることは正当化されるであろう。

注

1 「金鳥どんと」広告、映像は現在もインターネットで視聴可能。
https://www.youtube.com/watch?v=8co40R4AknM
2 梅原淳「通勤電車の経済学」『徹底解析!!最新鉄道ビジネス』洋泉社ＭＯＯＫ、二〇一二年三月、六四頁。
3 内閣府「消費動向調査」。
http://www.esri.cao.go.jp/jp/stat/shouhi/shouhi.html#jikeiretsu
4 有価証券報告書オンライン閲覧サービス。
http://www.uforeader.com/v1/
5 西武グループは二〇〇四年に有価証券報告書の虚偽記載で上場廃止となるなどのトラブルを経て、二〇〇六年に米国の投資会社『サーベラス』から出資を受けた。同社は一部路線廃止の検討を要請するなど一時は対立状態にあったが、その後は融和に転じていた。
6 加藤寛『日本経済・自己変革のとき』ＰＨＰ研究所、一九九一年、九一頁。
7 上岡直見『乗客の書いた交通論』北斗出版、一九九四年、二七九頁。
8 国土交通省「交通関係統計資料集」。
http://www.mlit.go.jp/statistics/kotsusiryo.html
9 ＥＵは〝EU Statistical Pocketbook 2015 Mobility and Transportation〟
http://ec.europa.eu/transport/facts-fundings/statistics/pocketbook-2015_en.htm
日本は『鉄道統計年報』http://www.mlit.go.jp/tetudo/tetudo_tk6_000032.html

10 国土交通省「交通政策審議会陸上交通分科会鉄道部会・東京圏における今後の都市鉄道のあり方に関する小委員会」配布資料、二〇一六年四月二〇日。
http://www.mlit.go.jp/policy/shingikai/tetsudo01_sg_000258.html

11 国土交通省「国土交通月例経済」二〇〇三年七月。
http://www.mlit.go.jp/toukeijouhou/toukei03/geturei/07/geturei03_07_.html

12 物価補正の数値は総務省統計局「日本の長期統計系列」第3章　国民経済計算による。
http://www.stat.go.jp/data/chouki/03.htm

13 たとえば小林渉・岩倉成志「駅構造を組み込んだ列車遅延シミュレーションの開発」『第五二回土木計画学研究発表会・講演集』ＣＤ―ＲＯＭ、二〇一五年一一月。

14 原田勝正「東京の国鉄環状線形成期における駅」『運輸と経済』五一巻四号、一九九一年、四四頁。

15 国土交通省「鉄道関係公共事業の評価」。
http://www.mlit.go.jp/tetudo/tetudo_fr1_000003.html

16 京阪神急行電鉄株式会社編『京阪神急行電鉄五十年史』一九五九年。

17 「日本民営鉄道協会」ホームページ。
http://www.mintetsu.or.jp/knowledge/term/96.html
国土交通省の定義も同じである。

18 運輸政策研究機構「主要区間輸送力並びにピーク時及び終日混雑率の推移」『平成二四年版 都市交通年報』二〇一四年一二月、二一〇頁。

19 運輸政策研究機構「都市鉄道の混雑率の測定方法に関する調査報告書」二〇〇五年。
http://www.jterc.or.jp/topics/josei_shinpo3.14/8_konzatu_ritu.pdf

20 北山由奈・日比野直彦・森地茂・家田仁「鉄道駅における列車遅延に影響を及ぼす列車乗降行動に関する研究」『第五一回土木計画学研究発表会・講演集』ＣＤ―ＲＯＭ。

21 小林拓矢「ダイヤ改正で『中央線快速』の本数が減るワケ」『東洋経済オンライン』二〇一六年三月四日。
http://toyokeizai.net/articles/-/107839

22 原田曜平『ヤンキー経済 消費の主役・新保守層の正体』幻冬舎新書№三三五、二〇一四年、一五一頁。

23 東京都市圏交通計画協議会「基礎集計項目の提供」。

https://www.tokyo-pt.jp/data/01_02.html

24 国土交通省「第一一回大都市交通センサス　平成二二年度調査（集計）結果報告」。http://www.mlit.go.jp/sogoseisaku/transport/sosei_transport_tk_000034.html

25 中京都市圏総合都市交通計画協議会「パーソントリップ調査データの提供」。http://www.cbr.mlit.go.jp/kikaku/chukyo-pt/offer/pt_5th/index.html

26 京阪神都市圏交通計画協議会「第五回（平成二二年）近畿圏パーソントリップ調査」。http://www.kkr.mlit.go.jp/plan/pt/research_pt/h22/index.html

27 国土交通省「ＰＴ調査の実施状況・結果概要」。http://www.mlit.go.jp/crd/tosiko/pt/map.html

28 総務省統計局・国勢調査のウェブサイト。http://www.stat.go.jp/data/kokusei/2010/

29 http://www.mlit.go.jp/common/001099727.pdf

30 http://www.mlit.go.jp/road/ir/ir-perform/h18/07.pdf

31 国土交通省「鉄道プロジェクトの評価手法マニュアル（二〇一二年改訂版）」一一二頁。http://www.mlit.go.jp/tetudo/tetudo_fr1_000040.html

32 国土交通省「バリアフリー化事業経済効果分析調査」報告書、二〇〇五年三月、二三頁。

33 たとえば自宅から勤務先に出勤して一トリップ、退勤して買い物に寄ると二トリップ、そこから帰宅すると三トリップというように数える。

34 運輸政策研究機構『平成二四年版　都市交通年報』二〇一四年一二月、二一〇頁「（1）主要区間輸送力並びにピーク時及び終日混雑率の推移」。

35 「鉄道プロジェクトの評価手法マニュアル二〇一二年改訂版」。http://www.mlit.go.jp/tetudo/tetudo_fr1_000040.html

36 首都圏では「湘南ライナー（東海道線）」「中央ライナー・青梅ライナー（中央線・青梅線）」等の例がある。

37 平日に事前購入（乗車前）した場合。その他いくつかのパターンがある。

38 「鉄道分野におけるＩＴの積極的活用方策に関する検討（混雑緩和に関する検討）」『運輸政策研究』一一巻四号、一三〇頁、二〇〇九年。

39 大塚良治『「通勤ライナー」はなぜ乗客にも鉄道会社にも得なのか』東京堂出版、二〇一三年。

40 阿部等『満員電車がなくなる日 鉄道イノベーションが日本を救う』角川ＳＳＣ新書、二〇〇八年。

41 コーリン・ブキャナン著、八十島義之助・井上孝訳『都市の自動車交通 イギリスのブキャナン・レポート』鹿島研究所出版会、一九六五年。

第2章　交通は人権である

憲法と交通

日本国憲法は基本的人権、すなわち憲法第三章で「集会、結社及び言論、表現の自由（第二一条）」「居住、移転及び職業選択の自由（第二二条）」「学問の自由（第二三条）」「健康で文化的な最低限度の生活を営む権利（第二五条）」「教育を受ける権利（第二六条）」「何人も、裁判所において裁判を受ける権利を奪はれない（第三二条）」などを規定している。これらの人権に関して多くの議論がみられるが、その際に交通・移動の自由あるいは権利が議論の対象になることは少ない。

憲法には交通の権利という明記はない。しかし憲法に規定されたさまざまな権利を実際に行使するためには自由に移動できることが前提である。現在の日本では、外出や旅行に際して公的機関の許可などは必要としないという意味では交通の自由は保証されている。しかし経済的・社会的制約により移動の自由がなく、憲法に記載された権利や自由を行使できない人々は実際に存在する。さらに第二七条には「すべて国民は、勤労の権利を有し、義務を負ふ」とあり、勤労は権利でもある。生活保護の受給に対するバッシングがしばしばみられるが、就労の意思があるのに交通手段がないためにその機会が得られないのであれば、義務の履行を怠っているのではなく権利の侵害として捉えるべきである。

大都市圏の鉄道の車内・駅は他人と交錯したり迷惑行為に遭遇するなど、わずらわしい場所という負の印象を抱く人が少なくないかもしれないが、ほんらい鉄道やバス等の公共交通は「民主主義のインフラ」である。公共交通の本質的な特徴である「乗り合い」という仕組みこそ民主主義が成立する必要条件と一致するからである。「乗り合い」が成立するためには、各人が法の下に平等であって、自己と他人の権利の尊重に対する教育を受けていること、一定水準の読み書きや計算の能力を身につけていること、治安が良いことなどが必要である。

歴史上で日本人として初めて鉄道に乗ったのは、記録されているかぎりでは漂流者として一八四一(天保一二)年に渡米した中浜万次郎や、次いで一八五二(嘉永五)年の浜田彦蔵らと考えられている。公式には明治維新前の一八六〇(万延一)年に幕府の訪米使節団が鉄道に乗り、団員の村垣範正はその驚きを記録している。原田勝正氏(前出)は「この体験は、当時身体をよせ合って交通機関に乗る、すなわち乗合いの機会がほとんどない、少なくとも陸上交通機関ではまったくないために、非常におどろくべきものであったにちがいない。また、上級武士として、彼は自分の身分より低い者が、身体を接して同席するなど思いもよらぬことだったであろう。それは、いちじるしく彼の身分意識を刺激したにちがいないのである[注1]」と述べられている。

日本の大都市が、海外の多くの大都市よりも治安が良いのは、移動の手段として公共交通を利用する人の比率が多いことも一つの要因と考えられる。国を問わず重大犯罪の過程には自動車が関与している。犯罪者にとって移動や逃走、物品の搬送に自動車はきわめて「便利」だからである。また別の面で、人々が移動に公共交通を使う比率が多いことは公共の場所に通行人が多いことであるから、かりに犯罪を企てる者がいても人目につきやすいので犯罪の実行が抑制される。これに対して自動車が主な移動の手段であると、人々は車外のできごとには無関心になり、犯罪が蔓延する余地が作り出される。

この関係はボゴタ市(コロンビア)のエンリケ・ペニャロサ元市長(一九九八〜二〇〇一年在任)の政策に

よって実証された。ボゴタ市はかつて「犯罪都市」として知られ、世界一危険な都市の汚名を冠していた時期もあった。ペニャロサ市長は「先進的な都市とは、貧しい人でも車を使う都市ではなく、むしろ裕福な人でも公共交通を使う都市のことである」[注2]との理念を示し、公共交通や自転車道路の整備を進めることによって治安の改善がみられたため国際的に注目された。その他にも格差是正を目指す各種の政策を実施したことによる複合的効果ではあるが、車の中と外で富者と貧者が対立する社会ではなく、誰もが隣り合って公共交通の座席に座ることが安心・安全な社会に向かう一つの要素であることを示した。

ところがペニャロサ元市長がいう「先進的な都市とは、裕福な人でも公共交通を使う都市である」という理念とはおよそ反対の現象が、先進国であるはずの日本で起こりつつある。「車がないと基本的な生活のニーズも満たせない」という状況が拡大しているからである。子どもの貧困を取り上げた『下野《しもつけ》新聞』の取材で、次のような記述がある。[注3]

> 親子は二〇〇五年まで、生活保護を受けながら県内の母子生活支援施設で暮らしていた。施設では入浴時間などが決められ、ルールに縛られた暮らしを強いられた。窮屈さを感じた母親の香織《かおり》さん＝仮名＝はその年の夏、栃木県北部のアパートに引っ越した。長男が小学四年の時だ。生活保護を受給していると、資産とみなされる自家用車を持つことができない。しかし香織さんたちが暮らす県北部は、都市部のようにはバスや電車があまりない。
>
> 香織さんは飲食店のパートで働き始めてすぐ、車のない生活に限界を感じるようになった。通勤も、三男の保育園の送迎もすべて自転車だった。どうしても車を手に入れたくなって、生活保護か

ら抜けた。移動の自由と引き換えに、香織さんたち親子は困窮に追い込まれた。それまで受けていた生活保護費がなくなった分、月収は一〇万円ほどに減った。家賃だけで四万三千円は掛かる。年三回支給される児童扶養手当は、滞納していたさまざまな支払いに消えていった。

生活保護に関しては多くの議論がみられるが、交通と関連づけた議論は少ない。生活費の扶助だけでなく交通もセーフティネットと考えるべきである。「移動の自由と引き換えに、困窮に追い込まれた」という関係そのものが理不尽ではないか。「車を使わなくてもいいように公共交通を整備する」という方向での議論がなぜ起こらないのだろうか。公共交通が便利になれば、社会的弱者のセーフティネットとしての機能にとどまらず、地域の住民全体に広く社会的な便益をもたらす。日本では特に公共交通の崩壊が止まらないが、安倍政権によるさまざまな分野での人権侵害をもたらす政策とも合わせて「途上国」を目指しているのではないかと思わざるをえない。

交通の「格差」増大

日本の高度経済成長期（一九八〇年代以前）には、公害などさまざまな負の側面を伴いながらも人々の物質的な生活レベルが全体として向上し「一億総中流[注4]」と言われるまでになった。もとよりこの間にも貧困の問題が存在したことは事実であるが、さらに一九九〇年代後半からは社会のさまざまな面で「格差」の弊害が表面化してきた。交通に関しても同じ現象がみられる。所得の向上に伴い自動車の普及率は平均値としては上昇し、人々の移動量も増加した。その反面で自動車の普及は公共交通の縮小をもたらし、ことに地方都市や町村部では自動車を利用できる人とできない人の間で、移動の自由において大きな格差が生じるようになった。

図6は「全国都市パーソントリップ調査（第1章参照）」より、全国および町村部における自動車の保有台数別のトリップ数（一日の移動回数）の差を示したものである。[注5]淡色は一人・一日あたり全トリップ回数であり、濃色はそのうち自動車によるトリップ回数である。外出を必要とする目的や用件は全国どこでも平均的には大差ないと考えられるのに対して、自動車の保有状況により全トリップ回数に差が生じている。すなわち移動の自由に制約を及ぼしているのである。

このうち自動車保有台数が〇でも自動車によるトリップ数が若干発生しているのは、やむをえない移動のために他者に「乗せてもらう」という利用形態と考えられる。しかしこの同乗は他者の意志に依存した移動であり、乗せてもらう側に心理的負担を生じ、生活に必須の交通であってもたび重なると家族にも頼みにくくなるなど、自由な移動が確保されているとはいえない状況が報告されている。[注6]なお同報告は北海道における調査であるが、冬期で気象条件が厳しい場合（吹雪など）には、高齢者は自動車が運転できても途中で体調不良など何らかのトラブルによる遭難の懸念があるため、同乗者を募って行動する必要があり、必ずしも単独で自由に行動できる状態ではない。これに対して鉄道など公共交通機関では乗務員がいるため何らかのトラブルがあっても救援を受けられる安心感が重要であるとの実態も紹介されている。

図6　自動車の保有台数別のトリップ回数

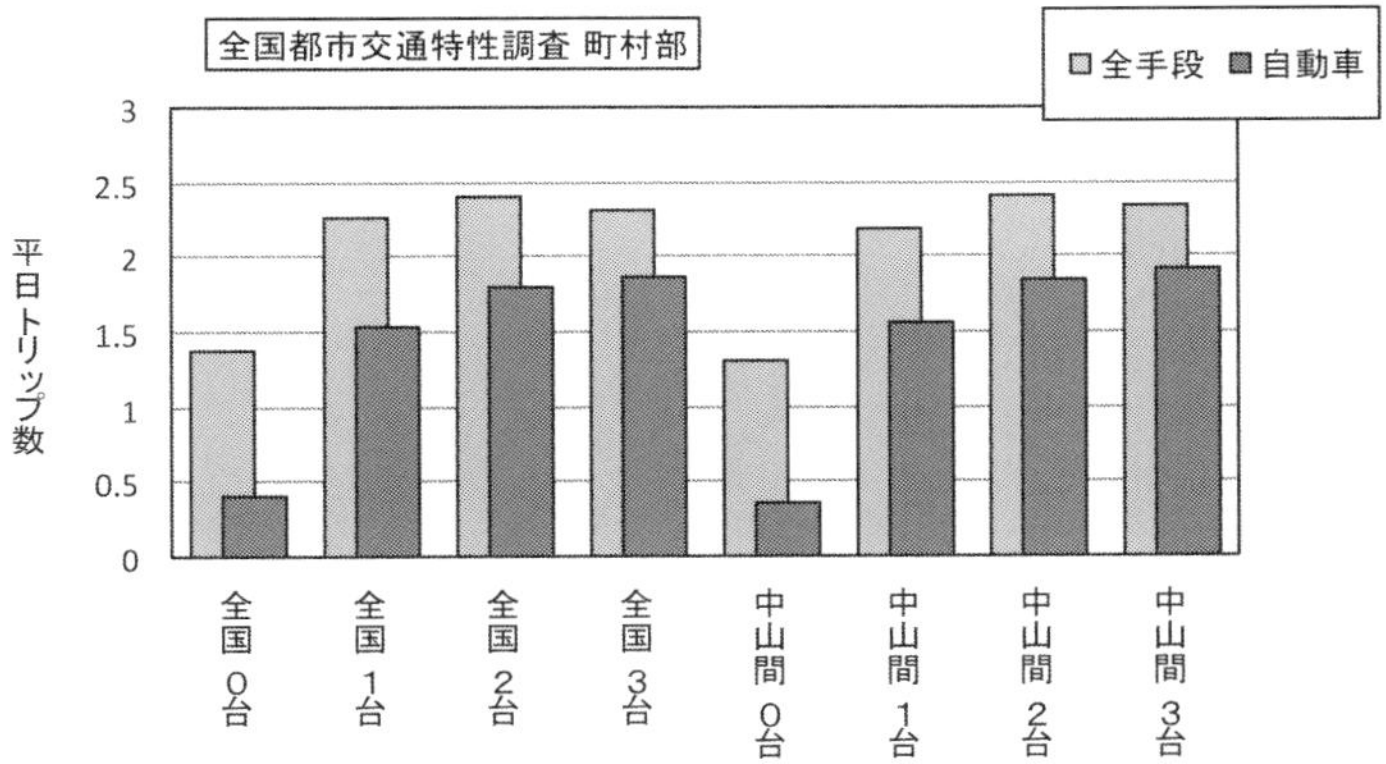

公共交通のサービスが乏しい地域では、たしかに自動車は日常生活に不可欠ではあるが、必ずしも普遍的に人々の移動の自由に寄与しているとはいえない。経済的条件によっても移動の自由に関する格差が発生するからである。世帯の年間収入と交通関連（鉄道・バスその他・自動車）の支出[注7]や、世帯の収入と自動車の保有率[注8]には明確な比例関係がある。移動距離あたりの公共交通の運賃・料金や自動車の運行費用は世帯の収入にかかわらず一定であるから、交通関連の支出は直接的に移動の距離と比例する関係にある。収入の差は移動の自由の差に直結しており格差の存在が示されている。また自動車の保有率に関して注目されるのは、年収区分が最も少ないレベルでも半数近くの世帯で何らかの自動車が保有されていることである。これは前述の生活保護と自動車の問題にも関連するが、ことに就業のため無理をしてでも自動車を保有せざるをえない実態を示している。

いずれにしても経済的・社会的格差の議論において、移動の制約こそが就業・教育・健康レベルその他社会的な活動やサービスに参加できない制約（社会的排除）をもたらしているが、日本ではこの問題が政策課題として論じられることは少ない。

自動車が利用できる人々にとっても、自動車への依存が持続的な移動の自由をもたらすとは限らない。消費者ではコントロールできない原油価格の変動などの影響をこうむる。ガソリン価格が急騰の傾向にあった二〇一四年に損害保険企業がアンケート調査[注9]を行っている。二〇一四年の盆期間の帰省旅行に際して利用する予定の交通手段（複数回答許容）について、「自家用車」九〇％、「鉄道」一四％、「飛行機」五％となり圧倒的に自家用車が優勢であった。しかし同調査ではガソリン価格の高騰による帰省計画の変更についても質問しており「帰省の取りやめ」「帰省手段の変更」を検討した割合は一八％あったという。自動車による移動もまた脆弱性を有する。二〇一四年の夏以降はガソリン価格が低落の局面に入ったが、このまま安値で安定する保証はない。上村達男氏（早稲田大学教授・会社法）は、安倍政権による規律なき金融政策や成長戦略がもたらす危険性を指摘している。かつての植民地支配が形を変えて現実化したものが格差・貧困社会であり、上村氏は植民地の「内国化」と名づけている[注10]。交通の分野においてもみられる格差・貧困の原因を考えるとき、同じメカニズムが作用していると言える。

割高な日本の鉄道運賃

鉄道の運賃も交通の権利にかかわる重要なテーマである。前述のように収入の差が移動の自由の差に直結するからである。日本の鉄道は安全性・正確性などについては海外より優れていることは事実であるが、一方で運賃も「世界一」である。通勤に限って考えれば、正規雇用者の多くは雇用主から通勤手当が支給され自己負担という観点では「無料」である。しかし派遣労働者や契約労働者に対しては交通費が支給されないケースがあり、あるいは不平等な制限が設けられるなど自己負担の増加が問題となっている。正社員とパート従業員に対する通勤手当の実施状況に関する調査によると、正社員でも一五％、パート従業員では三五％が通勤手当を支給されていない。[注11] 前述の東京都市圏パーソントリップ調査のデータと合わせて推定すると、一日におよそ六六〇万人の移動について自己負担の状態が発生していると考えられる。

家族で移動する場合、乳幼児・小児に対する運賃免除・割引があるとはいえ人数に応じて運賃が必要となるため、特に公共交通の運賃が割高な地方都市・町村部においては、郊外と都心を家族で往復すれば一万円札が消えてしまう。

また「教育を受ける権利」は憲法の文言としては存在するが、通学の費用が現実に大きな負担となっている。義務教育の公立小・中学校では徒歩での通学を原則としているが、地方都市・町村部では、義務教育の公立小・中学校でさえも学校の統廃合によって児童・生徒が鉄道やバスを利用せざるをえない地域が拡大している。このため各々の自治体によって、全部または一部の通学費補助（あるいは通学定期券支給）や通学バス運行などの支援策が行われているが、必ずしも十分ではない。

私立小・中学校への通学および高校以上の通学は任意選択であるとみなされ、通学費は自己（保護者）負担が一般的である。しかし義務教育ではないとしても高校進学率は一〇〇％に近く、実態としては義務教育化している。鉄道の廃止に伴いバス転換した地域では、通学定期代が高額になることから、高校の通学に対しては自治体が補助を行っているケースもある。いずれにしても交通の制約は教育を受ける権利にも影響を及ぼす側面を考慮しなければならない。

北総鉄道・北総線（千葉県）では、運賃が不当に高いとして沿線住民が二〇一〇年八月に東京地裁に提訴した事例がある。北総鉄道は京成電鉄が株式の五〇%を所有するほか、千葉県・（独）都市再生機構・松戸市・市川市ほか沿線自治体が出資する第三セクター鉄道である。また同じ北総線の中でも同社がみずから施設を保有し運行する区間（第一種鉄道事業）と、使用料を払って他者の施設を使用して運行する区間（第二種鉄道事業）が混在し、車両も自社保有と他社保有に分かれるなど複雑な形態である。

具体的にどの程度割高であるか「北総線の運賃値下げを実現する会」のホームページ[注12]で例示されている。首都圏の他の民鉄普通運賃と比較すると、同一距離に対して最大二・七倍、通学定期運賃では最大四・二倍（提訴当時）などとなっている。かといって北総線は他の事業者と比べて所要時間やダイヤなどサービスレベルの面が運賃に応じて高いわけではない。この数値は他社のkmあたり運賃を単純に比較したものであるが、実際の利用形態を考えると、原告が居住する地域から東京都心に向かう場合に、別の鉄道事業者に乗り換えるたびに初乗り運賃を必要としてさらに割高となる。

こうした背景から、訴訟の請求対象・請求事項が複雑となっているが、概略をまとめると①国土交通大臣は認可した線路の使用条件を取消すこと、②線路使用料の支払い方式を変更すること、③北総線運賃の無効を確認し運賃の変更を命令すること等である。なお北総鉄道自体は訴訟当事者となっていない。この訴訟は最高裁まで争われたが、二〇一五年四月に最高裁第三小法廷は住民の上告を退け、原告の敗訴が確定した。

この訴訟は特定の鉄道事業者に関するものであるが、このような問題が起きる全体的な背景として、日本の鉄道は少数の公営交通（東京都営・各都市の市営）を除くと、ほとんどが営利企業の形態をとっていることにある。国の認可制度による関与はあるものの、運賃の決め方は基本的に各事業者ごと、場合によっては路線ごとに委ねられている。戦前から用地とインフラを保有している事業者（路線）と、新規に路線を建設する事業者（路線）では建設費に大きな差が出るのは当然である。それが首都圏の範囲内でも同一距離に対して数倍の運賃差が生じる背景である。

これに対して欧州では一般に日本に比べて都市鉄道（軌道）の運賃が安い。為替レートなどの点から日本と完全に同一条件で比較することは難しいが、一例として表5はフランス国内の都市交通について「一〇枚つづりの回数券を購入したときの一枚あたりの運賃」と「一カ月定期代」を比較したものである。[注13]表で「普通の鉄道」と表記しているのは、日本でいえば、地下鉄や路面電車以外のJR・私鉄に相当する鉄道である。ただし欧州では日本のような巨大都市圏が少ないこともあって、距離に応じた運賃ではなく都市内で均一運賃のケースが多い。

日本ではJR東日本・山手線内、JR西日本・大阪環状線内（営業施策上から割引運賃を設定している区間）で、一〜三kmが一四〇円・四〜六kmが一六〇円、東京メトロでは最低区間で一七〇円（前述の北総線では最低区間で二〇〇円）等である。また日本と異なる注目点として、都市圏が小さいほど割安となっていることが挙げられる。日本では都市圏が小さいほど、すなわち鉄道（バス）事業者の規模が小さいほど経営が厳しいという関係から、一般に地方都市・町村部において公共交通の運賃が割高となる傾向があり、それがますます自動車への依存を高めることにつながる。

表5　フランス都市交通の運賃

10枚つづりの回数券で1枚あたりの運賃（1ユーロ130円として換算した額）			
	普通の鉄道	人口10万人以上の都市内交通	人口10万人未満の都市内交通
高いケース	180	160	140
平均	150	120	100
安いケース	110	90	50
1カ月定期代（同上）			
	普通の鉄道	人口10万人以上の都市内交通	人口10万人未満の都市内交通
高いケース	6,550	8,640	4,580
平均	5,340	4,270	3,000
安いケース	4,060	2,880	1,110

なぜ日本は割高なのか

日本の公共交通運賃が相対的に割高である原因は、まず経営形態に起因するところが大きい。フランスの都市交通事業者の経営形態はきわめて多様（株式会社・公社・第三セクター等）であるが、全体として運賃収入は二割程度であり、その他は運賃収入によらない公的な制度による財源で運営されている。これに対して日本の鉄道では、会計的に正確な表現ではないが「営業費用のうち運賃収入でどれだけ賄っているか」という評価をしてみると、経営基盤が弱いJR北海道・JR四国・JR九州および中小私鉄を除くと、大手の鉄道事業者では営業費用のすべてを運賃収入で賄うだけでなく、収益を挙げている。またJR全体では、北海道・四国・九州を合算してもプラスとなっている。企業であるから収益を挙げることは当然であるという解釈もできるが、その一方で大都市の日常的な混雑と、ローカル線の低サービスに起因する利用者の「がまん」が鉄道事業者の収益の源泉であるとすれば、社会的には合理的な状態と言えるだろうか。

フランスで注目されるのは「都市交通税」という制度である。これは「一定規模以上の都市で事業を営む法人（雇用主）は公共交通システムの受益者であるから、その受益に対して適正な負担に応じる義務がある」という考え方により、一九七〇年代から順次各都市に導入された制度である。この都市交通税は道路整備には充当されない。日本にはこのような制度はないが、法人に課される住民税（都道府県・市区町村）の制度は、自治体が提供するインフラやサービスの受益者として負担に応じるべきであるという点で考え方は共通しているとみることもできる。ただし日本の法人住民税は公共交通の整備・運営には充当されない。

加えてネットワークとしての問題がある。個別の鉄道事業者の運賃が割高であるだけでなく、日本の大都市では物理的な鉄道ネットワークは発達しているが、運賃体系は各々の鉄道事業者ごとに別になっており、前述のように事業者を乗り換えるたびに初乗り運賃を必要とするため全体でも割高となる。これは逆に、利用者が運賃節約を優先すればサービスレベルにおいて非効率（時間がかかる、混雑がひどい等）な経路を選択し、結果として経済損失につながっていることも意味する。利用者の所得と交通事業者の収入をそれぞれ再分配することによって、すべての利用者とすべての事業者の厚生が改善されるような共通運賃が存在することを理論的に検討した報告もある。注14

ＩＣカード化してもこの点は全く解消されておらず、むしろ自動的に金額が引き落とされたりオートチャージが導入されたために気づきにくくなっている。これに対して海外では大都市圏で運賃統合（異なる交通事業者の間での運賃共通化）が行われている。特にドイツ語圏の諸地域で「運輸連合（Verkehrsverbund）」が広域的に運営されている。これは一定の都市圏の中では各種の公共交通機関（鉄道・路面電車・バス等）が一元的に運営され、どの交通機関も共通の運賃で選択できて乗り換えも自由というシステムである。

現時点で最大の運輸連合として知られるシステムはドイツのＶＲＲ（Verkehrsverbund Rhein-Ruhr）であり、一〇〇路線以上の鉄道と路面電車、八〇〇系統以上のバスが組織されている。この運輸連合はＩＣカードなど電子的システムが普及する以前から導入されており、情報技術とは関係がない。利用者本位の交通政策が存在するかどうかの問題である。これに対して日本ではＩＣカードなど電子的システムが普及したといっても、単に運賃収受を電子化したにとどまる。

長距離移動も割高

鉄道で長距離を移動する場合には、日本のシステムでは普通運賃に加えて新幹線（特急）料金を負担する必要があるため割高となる。子育て世代の勤労者世帯にとっては、年末年始や盆期間の帰省などのために年間の蓄えをそれだけで使い果たしてしまうほどである。図7は日本と欧州四国（フランス・ドイツ・英国・イタリア）について、東京〜名古屋相当（三五〇㎞）[注15]・東京〜新大阪相当（五五〇㎞）で各国の代表的な高速列車（フランスはＴＧＶ、ドイツはＩＣＥなど）の費用を比較したものである。ただし欧州の鉄道料金は日本のような「普通運賃＋特急料金」のシステムではない。列車ごとに各種の条件によって異なる料金が設定されていることや、為替レートの変動のため、完全に同一条件で比較することはできないが、目安として日本から予約可能な最安値ケースで検索した結果として比較する。[注16] 図に示すように多くのケースで日本の新幹線での移動に比較して感覚的にはおよそ半額と言ってもよく、日本の鉄道運賃・料金が割高であることが示されている。

図7　各国の鉄道運賃・料金

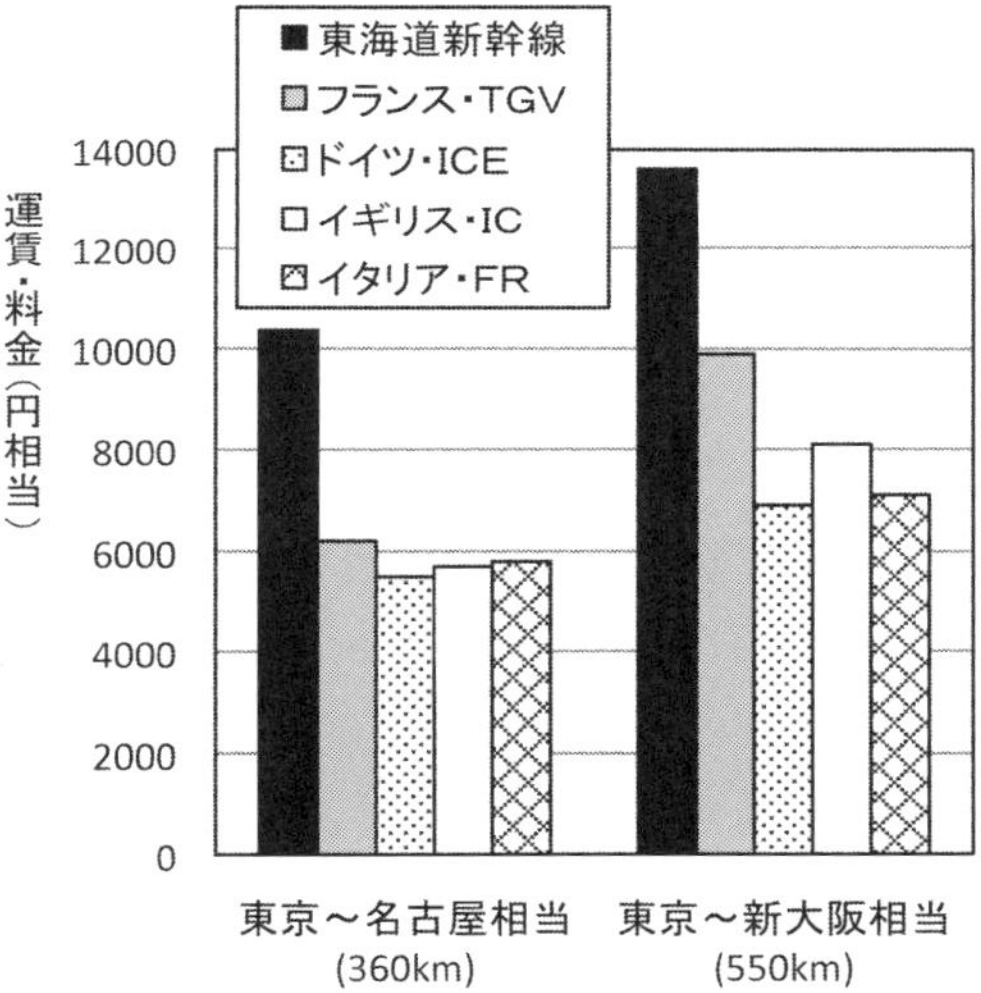

交通事故も大きな人権侵害

前述のように社会的・経済的な制約による交通の制約も深刻であるが、かりに自動車が自由に使えたとしても負の側面が伴う。身近で最も具体的な危険は交通事故（自動車事故）であろう。戦後の累積では六三万人の死者と四四〇〇万人の負傷者を生じている。「交通戦争」と呼ばれた時期（第一次は一九五五～一九六〇年代、第二次は一九七〇年代以降）に比較すれば年間の交通事故死者の数は減少しているとはいえ、なお交通事故は後を絶たない。ドライバーのモラル向上が繰り返し呼びかけられているが、依然として年間に四一〇〇人の死者、六六万五〇〇〇人の負傷者が発生している（二〇一五年）。

「自動車は社会・経済に不可欠だから」という理由では説明がつかない。自動車と同じく、あるいはそれ以上に必需性がある電気・ガス・水道などでこのような人命の被害は生じていないからである。ただし自動車については「保有」と「走行」は別であり、事故は走行に伴って発生する。同じ台数を保有していても、大都市と地方都市・町村部では一台あたりの年間走行距離は異なる。図８は全国の人口二〇万人以上の都市について、都市別の年間自動車走行距離と交通事故死者数の関係を示したものである。ばらつきはあるにしてもかなりの程度で比例関係にあることがわかる。すなわち自動車が走行すればするだけ人命が失われるのである。

一方で海外と比較すると、日本における自動車走行㎞あたりの事故死者数は、日本と同様に自動車普及国であるイギリスに対して二倍、ドイツの一・六倍、さらには自動車大国のアメリカよりも多い[注17]状況であり、日本の道路交通に基本的な欠陥があると考えざるをえない。ドライバーのマナー向上を呼びかけるだけでは本質的な対策とはいえないであろう。

日本中の道路で無数の人々が同じように自動車を運転している。筆者が見かけた自動車教習所の広告に「当所は卒業率九九％」とあった。教習課程の最初に簡単な適性チェックやドライバーの心構えの講習があるものの、飲酒運転や粗暴な運転など実際に適性を欠いたドライバーを事前にチェックする機能はなく、教習中と試験の時さえ模範運転をしていれば誰でも免許が取れる。一方で、自動車の保有には何らの制限もない。自動車が走行すれば確率的に交通事故の発生が不可避であって、個人の意識でこの構造を変えることはできない。

罰則強化による交通事故の抑止効果も試みられ、二〇〇一年には「危険運転致死傷罪」の新設（刑法改正）、二〇〇七年には「自動車運転過失致死傷罪」の新設（刑法改正）、さらに二〇一三年には「自動車の運転により人を死傷させる行為等の処罰に関する法律（新法）」など順次行われてきた。しかし二〇〇〇年前後からひき逃げが急増するなど逆行現象が起きたり、飲酒や薬物の影響下の事故は依然として後を絶たないなど、対策は手詰まり状態である。故意の違法行為の抑制には厳罰化が有効とする意見もあるが、「過失」を罰則で未然に防止することは不可能である。自動車に依存した交通体系からの転換を目指さない限り、交通事故の抜本的な減少は期待できない。

図８　都市別自動車走行距離と交通事故死者数

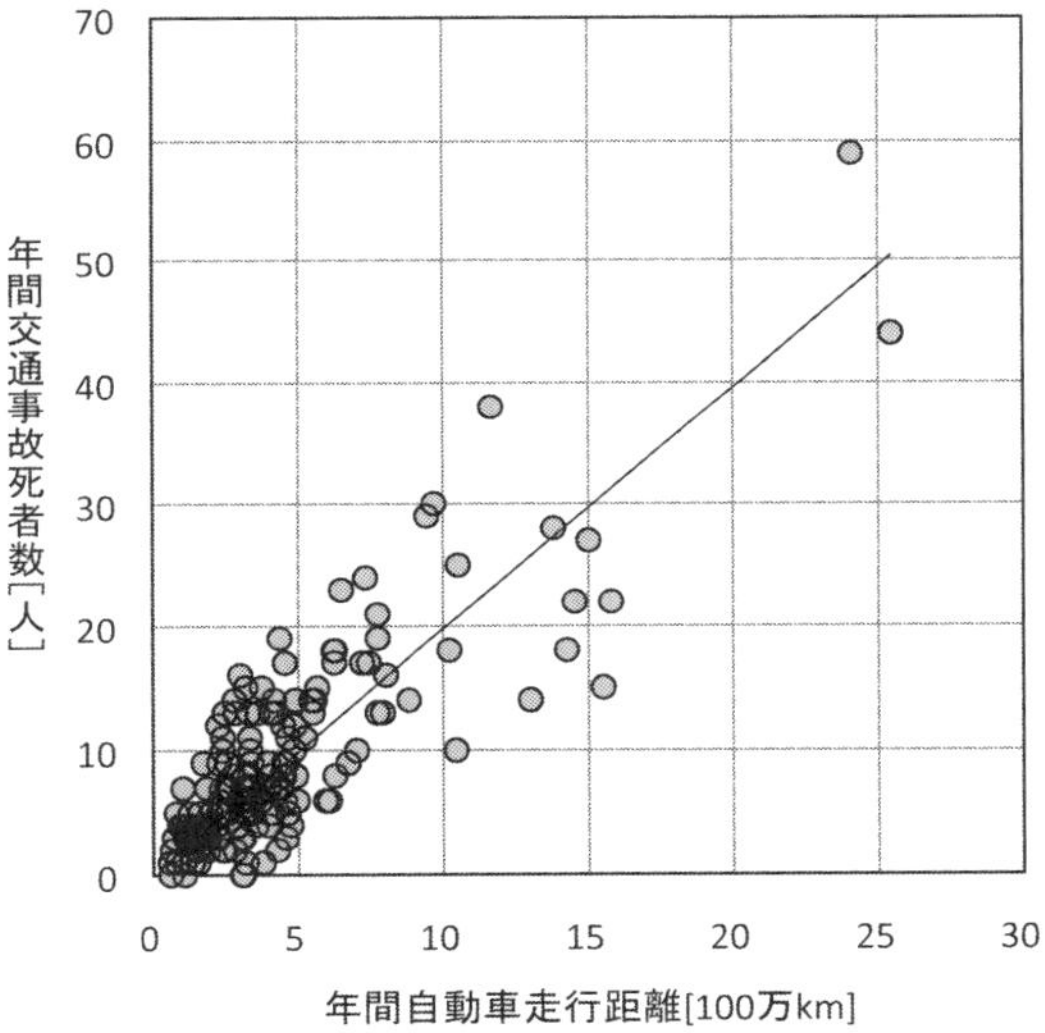

　しかし人々の移動のニーズそのものは制限できないから、自動車に代わる交通手段の整備が政策の裏づけとして必要となる。その際に鉄道が有効な手段であることは言うまでもないが、単に鉄道の利用を呼びかけているだけでは大きな効果は期待できな

い。運賃が高い・座れない・ダイヤが不便といった状況があれば、鉄道を積極的に使う人は増えない。大都市圏では鉄道に対する設備投資を政策的に支援して車両やインフラを利用者本位に整備することが必要である。

一方で地方都市・町村部では過去に構築した貴重なインフラが、鉄道事業者の消極的な経営姿勢のために放置されて有効に利用されていないのが現状であり、多少の設備投資により大幅なサービス向上は可能である。魅力的な鉄道サービスを提供するには、鉄道事業者に努力を求めるだけでは限界がある。積極的に鉄道の、そのための設備投資の費用を、誰がどのように負担するかをあわせて考えなければならない。

高齢者の交通事故

図9は「全国都市パーソントリップ調査」[注18]より、地方都市圏における年齢階級別の一人・一日あたり自動車トリップ数の推移を示したものである。年齢層が高くなるにつれ自動車によるトリップ数は減少してゆくが、経年変化をみると七五歳以上の区分において自動車による移動が増加している。この三〇年の間に自動車への依存がますます高まるとともに、特に地方都市圏・町村部において、高齢者の移動は実態としては自動車によって担われるようになった。しかしその一方で道路逆走、店舗への突入、そのほか高齢者が関与した交通事故が増加している。高齢者の交通事故は、かつては歩行者（自転車）として被害者の立場が議論の主な対象であったが、近年は高齢者が交通事故の加害者となる事故も増加し、

道路逆走・店舗への突入・高齢者が子どもを轢いてしまうなど悲惨な事故も増加している。成人の大部分が免許を取得するようになってその年齢層が年々繰り上がってゆく一方で、公共交通のサービスが質的・量的に低下して、ますます自動車すなわち私的モータリゼーション（一般にいう「マイカー」）に頼らざるをえない状況が拡大することによって、必然的にもたらされた結果である。森すぐる氏は今から三〇年前の一九八六年にすでに次のように指摘している。[注19]

図９　地方都市圏における年齢階層別自動車移動回数

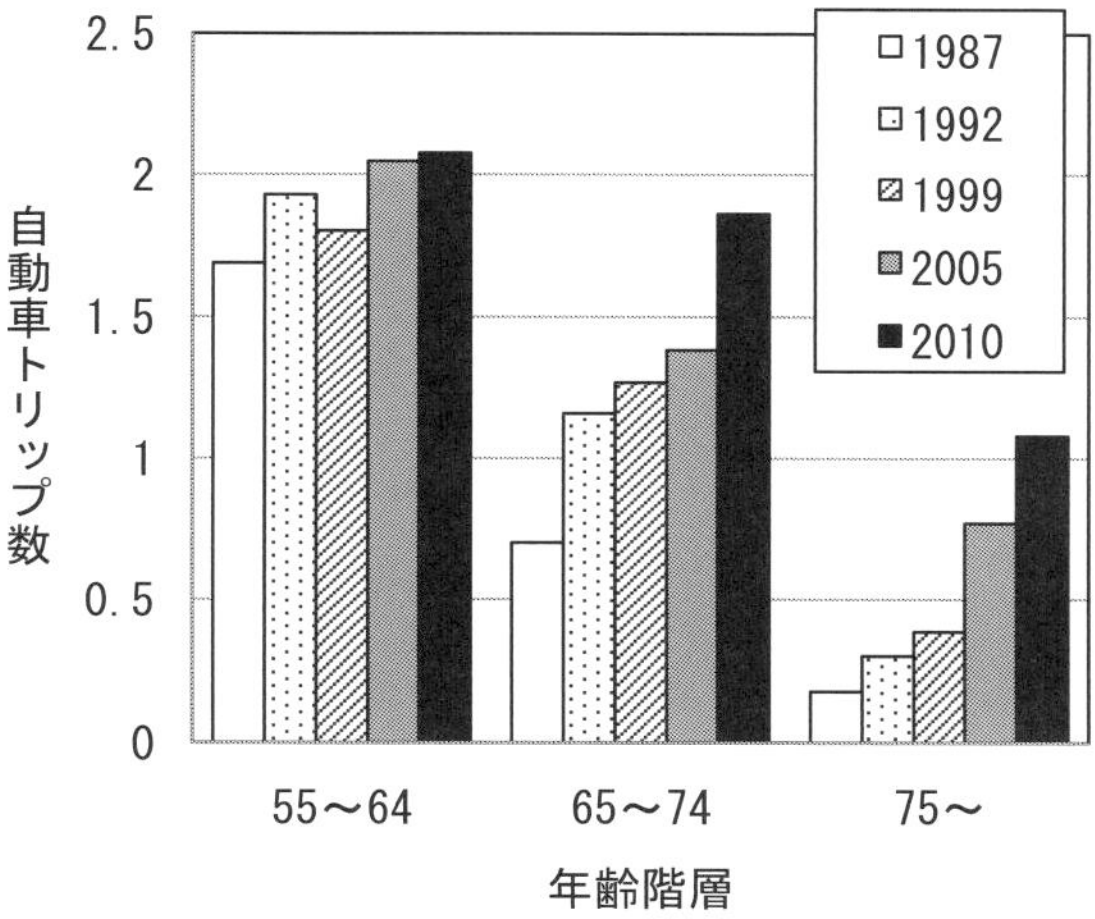

「まずは今後予想される道路交通事故の新しい形態についてである。過疎地では、ほとんどの家庭に複数の自動車があるといわれている。それは住民がすでに公共交通に頼れなくなっているからである。そのドライバーたちが今後どんどん高齢化する。年をとると視覚障害や反射機能など、運転に不可欠な機能の低下をきたすことは研究の結果ほぼ間違いがない。しかし、すでに運転機能を持ち、公共交通にたよれないと判断している者は運転を

続けるだろう。老人が、その年令ゆえの限界によって事故をおこす、それが今後増加の予想される事故の形態である」

「平和」こそ公共交通のセキュリティ

公共交通の安全・安定な運行は「平和」が前提である。それが大規模に阻害された事例はいうまでもなく戦争である。平和どころか一九二八年六月には中国の奉天（現瀋陽市）付近で関東軍による列車爆破事件さえ起きている。それでも一九四〇年頃までは「日本精神涵養」等の名目で実際は観光旅行も盛んであった。しかし一九四一年一二月の対米英開戦以降は国民の自由な移動は制限され不要不急の旅行の自粛が呼びかけられた。戦局が決定的に不利となった一九四四（昭和一九）年四月には「決戦非常措置要綱」が定められ、長距離列車が大幅に削減された。また三月から当時の情報局から発表された「旅客ノ輸送制限ニ開スル件」には、つぎのような条項がある。

(1) 概ネ一〇〇粁以内ノ旅行ニ對シテハ乗車券ノ發賣枚数割當ニ依リ数量的ニ制限ス
(2) 概ネ一〇〇粁ヲ越ユル遠距離旅行ニ對シテハ、軍人及官公吏ノ公務旅行ニ付テハ所属官公衙ノ證明、其ノ他ノ旅行ニ付テハ警察署ノ證明又ハ之ニ準ズベキモノニ依リ質的ニ制限スルト共ニ前號ニ準ジ数量的ニモ之ヲ制限ス

として軍務・公務以外の一〇〇㎞を超える一般市民の移動は制限されることとなった。ところが食料不足により都市住民の「買い出し」が必須となった背景もあって人々の移動を抑えることはできず、各

種の便法が横行して実質的な効果は乏しかった。たとえば一〇〇㎞ごとに切符を買い直す、短区間の乗車券で意図的に乗り越す（罰金が課されたが、払えば拘束されることもなかった）、さらに「之ニ準ズベキモノ」を逆手に取って各種の口実を設けるなどである。またこの規制は民鉄には適用されなかったので、比較的長距離を運行する民鉄も利用された。ついには事務の煩雑さに警察が耐えかねて同年九月には制度が廃止されてしまった。[注20] 官僚が考えただけの実効性のない制度は戦時中といえども維持できなかったのである。

日本の鉄道その他の公共交通は治安が良いと考えられていたが、二〇一五年六月には七一歳（年齢は事件当時・以下同様）男性による焼身自殺とみられる新幹線火災事件を契機に、公共交通におけるセキュリティに関する懸念が示されるようになった。同事件は個人的不満に起因した行為であり政治性は乏しいとみられている。模倣犯の追従が懸念されたが、幸いにも現在のところその兆候はみられない。なお公共交通機関に対する重大な放火行為としては、一九八〇年八月に三八歳男性による新宿駅西口バス放火事件（利用者が乗ったバスにガソリンの入ったバケツを投げ込んだ上で放火）が発生している。

一方で二〇一五年一一月にはイスラム武装勢力の同調者とみられる人物によるパリ乱射事件が発生し、日本にも波及することが懸念されている。二〇二〇年には東京オリンピックを控える状況から、鉄道でも航空機と同様に手荷物検査の導入を提起する意見もみられるようになった。しかし鉄道における手荷物検査は現実性が乏しい。検査を通過するのに何分かかるか予測できないような事態が発生すれば、分単位で正確に動くことを前提としている日本の鉄道の利便性は崩壊する。インターネットや携帯端末機器を活用した乗り換え案内システムも機能を失うだろう。仮に実施するとすれば検査機器メーカーや警備会社の利権と関連づけられる可能性が高いので注意が必要である。日本の鉄道の利用者数から考えれば、空港とは桁ちがいの検査機器と人員の需要が発生するからである。

福島原発事故の対策として遮水壁[注21]を原発建設にかかわったゼネコンが請け負うのと同じく、また原発事故に関する避難対策として組み立て式のシェルターを原発の製造メーカーが売り込むのと同じく[注22]、海外からのテロを誘引する政策を行っておきながら、セキュリティ強化を喧伝する動きには警戒が必要である。マスメディアの記事でセキュリティの専門家と称する者にコメントを求めると、まず新幹線が取り上げられる。しかしパリ乱射事件にみられるように、実行者にとって一度に多くの人的被害を出すことが目的ならば、地下鉄サリン事件[注23]と同様に新幹線ではなく不特定多数の利用者が集まる都市内の鉄道こそ対象となる。現に二〇一六年三月のブリュッセル（ベルギー）の連続爆破事件では地下鉄駅で実行された。実行者自身が退避する前提のない自爆覚悟であればなおさらである。守田敏也氏（フリーライター）は、パリ乱射事件は無差別殺傷ではあるが、一度に多くの被害を発生させようとすれば様々な手段が存在するにもかかわらず、まだしも一定の節度の下に実行されているという。イスラム圏に対して欧米側が武力攻勢をエスカレートさせてゆけばその節度も踏み越えた報復を招く可能性を指摘している。[注24]

航空機では保安検査場で機内持ち込み不可と指摘されても、危険物でない限り預かり手荷物として本人の搭乗便に積載してもらえる。筆者はエネルギー関係の仕事に就いていた時に放射温度計（サーモグラフ）[注25]を出張時に携行する場合があった。この機器はX線透視装置では形状が銃器のようにも見える。当時は警備員から「動作させてみて下さい」と指示があり、その場で確認を受ければ機内に持ち込めたが、現在ではカウンターに戻って預かり手荷物となるだろう。しかし「手荷物」の取り扱いがはるか昔に廃止された鉄道ではこの対応ができない。業務での出張や旅行の目的によっては、必要な品目が持込み不可となったときは、出張や旅行そのものを取り止めることを強いられるのだろうか。

手荷物検査を提唱する論者は、自分自身では鉄道を利用する感覚がなく、また政治家や高級官僚は、現に空港で行われているように自分たちは別の入口から特別扱いで入れてもらえる前提で議論しているのであろう。しかもテロを実行する側からみれば迅速な移動手段が不可欠であって、パリ出版社襲撃事件（二〇一五年一月）、パリ乱射事件（二〇一五年一一月）などいずれも自動車が最大限に利用されており、鉄道の警戒をいかに強化したところで自動車が野放しであれば意味がない。

形式だけの警戒

そもそも現状では警備に責任を負うべき当局の危機意識が疑わしい。二〇〇八年に北海道洞爺湖町で開催された「第三四回主要国首脳会議（洞爺湖サミット）」の前、電車で隣に座った女性が英文の書類を拡げていたのが目に入った。見ると「CONFIDENTIAL（部内限り、秘密の意）」とスタンプが押してある。わざわざ「秘密」と表示されていればかえって興味を抱かざるをえないが、その内容はサミットの要人の会食テーブルの配席図であった。襲撃を計画する者が実際にいたとすればぜひ入手したい情報であろう。当時でも海外では各種の政治的・宗教的要因によるテロ事件が頻発しており、日本に関連してもペルー大使公邸占拠事件（一九九六年一二月）などがすでに起きていた。機密書類を電車内で広げるとはいかにも無防備であり、落し物・忘れ物として人手に渡る可能性もある。その女性は担当省庁の官僚か、あるいは行事の実務の委託を受けた業者かもしれないが「どうせ英語だから周囲の一般人にはわかるまい」という安易な意識によるものであろうか。業者であるとしても委託する側の管理が徹底しておらず、単なるイベントとしてしか捉えていない感覚が露呈していた。

同時期には、洞爺湖の現地だけでなく、東京も警戒の対象であるとして鉄道の駅にも多くの警察官が配置されていたが、緊張感は乏しく交替時に談笑している場面をしばしば見かけた。もし実際に襲撃者がいたとすれば交替時は狙われやすいタイミングであるが、そうした注意も受けていなかったのだろうか。すなわち多数の警察官を動員して一般公衆を威圧しているが、本当に危険なテロを防止する実効性は期待できない。それ以前の二〇〇七年一〇月には、鳩山邦夫法務大臣（当時）が日本外国特派員協会の講演で「私の友人の友人がアルカイダ」と発言し、さらにバリ島爆弾事件[注26]（二〇〇二年）を事前に知っていたかのような内容も伴ったため、国際的にも危機管理に対する不信を招くとして問題となっている。

鉄道その他の公共交通の掲示や放送で「危険物の持ち込みは禁止されています」と告げられるが、実際に効果を期待しているのだろうか。自らの生還を期さない自爆前提の実行者がいたとすれば掲示や放送では全く抑止効果はない。結局、鉄道（その他公共交通）の形式的な責任逃れに過ぎないのではないか。ローカル線の無人駅や、寂れたバスターミナルにまで「テロ対策」のポスターが掲出されていることはそれを示唆している。写真2は岩手県の路線バスのターミナルで撮影したものである。筆者がこの写真を撮影した時には一時間以上もバスの発着がなく、経営が成り立つのかと心配になる小さな売店が営業しているだけだった。

一方で当事者が意識せずに危険行為を犯してしまう事例もある。二〇〇九年一一月には、東京メトロ銀座線で工場の従業員が塩酸の容器を持ち歩いていた際に車内に飛散させて周辺の利用者に被害が生じた事件があったが[注27]、違法性の認識がなく、以前から業務で習慣的に持ち歩いていたものと思われる。何が「危険物」かは法令上の規定はあるものの、意図的に調べない限りは利用者に対して詳細が示されているわけでもないので、単に「危険物の持ち込みは禁止されています」と案内しても効果は乏しい。こうしたケースも掲示や放送で防止することは困難であろう。もとより地下鉄サリン事件のように意図的に有毒物を散布する実行者がいた場合にも効果はない。

写真２　小さなバスターミナルに掲示されたテロ対策

軽挙妄動して鉄道駅で手荷物検査などを実施すれば、ただでさえ混雑する狭い空間にさらに多数の人の滞留を生じて混乱を発生する。一度に最大の人的被害を発生させようと企む実行者がいたとすれば、むしろ絶好の機会を提供することになる。破壊工作の実行者の最終的な目的は、人的な被害を手段として社会的な混乱を作り出すことである。日本の鉄道は利用者の多大な協力で整然とした列車の運行が保たれている。また「不審物・不審者を見かけたら係員に通報するように」という呼びかけも常に行われている。利用者全員を警備員として雇っているようなものだ。運賃の支払いを求めるどころか利用者に報酬を払ってもよいくらいであろう。しかも多くの鉄道事業者では、人通りの多い通路に物品販売の出店を設けるなど、防災面から疑問を感じる行為を頻繁に行っている。これに「テロ対策」として余計な混乱を持ち込んで利用者が大量に滞留する場所を増やせば、それ自体が事故や災害のリスクを高めるし、かりに実行者が潜入していたとすれば、事前に発見できたとしてもその制止がむしろ困難になる。

監視システムの危険性

セキュリティ対策の一環として監視カメラも議論になる。すでに駅や鉄道車両内にも多数の監視カメラが設置されている。しばしば「防犯カメラ」と呼ばれるが、犯罪が実行された後の事後の捜査には有用であるとしても、事前に犯罪を防止するカメラが存在しうるのだろうか。防犯効果が期待されるとすれば、録画されることを警戒して犯罪の実行を躊躇するという点であるが、自らの生還を期さない自爆覚悟の実行者が実際にいたとすれば監視カメラによる抑止効果は期待できない。

一方で、手荷物検査や人間に依存した監視では膨大な労力と費用が必要となり現実的でないという理由から、監視カメラの画像をネットワークで共有して不審者を検知・追跡するシステムの提案もある。[注28]こうしたシステムに関してはプライバシー侵害につながるとの指摘があるが、インターネット上での反応では「一般の人には不利益はない」「やましいことがなければ録画されてもかまわない」との意見が多数を占めたとされている。[注29]また警備会社「ＡＬＳＯＫ」のインターネットアンケート調査によると、回答者の約六割が繁華街や駐車場に防犯カメラをもっと設置すべきだと回答したとされている[注30]。

インターネット上の反応や、利害関係者である警備会社が実施したアンケートは客観性が疑わしいが、本当にそのような意見を有している人がいるとすれば「盗まれるほどの金もないから空き巣狙いに侵入されてもかまわない」という発想と同程度に無頓着である。精神面のトラブルを抱えた人やDVから避難している人も「やましいことがなければ録画されてもかまわない」と考えるだろうか。監視システムに関してしばしば指摘される問題として、思想・信条を理由として公権力が特定の人物を追跡するのではないかという懸念が挙げられる。これも重要な論点ではあるが、公務員を対象とする以上は制度の整備や管理体制によって一定の歯止めがかけられる。しかしより重大な危険性は別の部分にある。

検知・追跡システムが運用された場合、「やましい」かどうかはシステムの管理側（プログラムあるいは有人の監視員）の恣意的な判断に委ねられるから、いかに各個人が「やましくない」と思っていても、それとは関係なしに不審者扱いされる。不審者検知の条件として「変わった格好・服装」「大きな荷物」が例示されている（前述）[注31]。実際に破壊工作を企図する者がいたとすればできるだけ周囲に溶け込み目立たない外観を装うであろう。現に政治的背景の有無を問わず、無差別殺傷事件などが起きた後に「実行犯はごく普通で目立たない人物だった」という情報が寄せられるケースが多い。政府も外国人観光客の誘致に力を入れているし、二〇二〇年の東京五輪ともなれば「変わった格好・服装で大きな荷物を持った」多数の利用者が列車や駅を利用するであろう。外見が外国人である等の理由で手当たりしだいに不審者扱いするなどのトラブルが発生すれば、かえってテロを呼び込む背景になりかねない。

個人情報の管理の面からも、JR東日本がICカード情報を不適切に販売したり[注32]、情報機器会社が駅監視カメラの画像を文部科学省の研究事業に無断転用するなど[注33]、節度を欠いたデータ利用と個人情報の流出に波及しかねない事案がすでに多発している。インターネット上では、かりに故意でなくてもいったん流出した情報の回収・削除はまず不可能である。平穏な生活を営んでいる市民が検知・追跡システムによって被害を受けるトラブルが増加するであろう。

検知・追跡システムの基本となる技術は、画像から顔の特徴を抽出してデータ化する「顔認識技術」であり、身近な使用例では煙草の自動販売機で利用者の顔を分析して未成年かどうかを推定するシステムがすでに実用化されている。顔認識の技術は年々改良されて精度が向上しているとはいえ、一定の確率で誤認識が発生することは避けられない。現在はそれに対して何らの基準・規制もなく、関係者の恣意的な運用に委ねられている点にも危険性がある。

刑事事件に関して、ＤＮＡと並んで監視カメラの画像が客観的な物証としてしばしば利用されるようになった。ところが容疑者との一致など画像の鑑定は、警察・検察の研究機関ではなく民間人の鑑定人一名に集中して委託されており、年に一二〇～一五〇件の鑑定を行っていることが指摘されている[注34]。一般に監視カメラの映像は画像の歪みやメモリの制約から多くが不鮮明であるが、同鑑定人は画像の解像度以下の特徴点が識別できるなどと物理的にありえない独自の鑑定法を主張し、警察・検察はそれを追認して証拠として採用している。

この結果、たとえば舞鶴女子高生殺害事件では、容疑者の顔はもとより何が写っているかも判然としない不鮮明な画像に基づいて誤った鑑定結果が提出された[注35]。このように監視カメラは冤罪を産み出し、重大な人権侵害に結びついている。日本弁護士連合会では、犯罪の発生を前提とせず、不特定多数人の肖像を、個人識別可能な精度で、連続して撮影し、録画ないし配信を行う監視カメラの増加は問題であるとして、一定の基準、要件を定めた法律を制定して規制することを求めた提言書を発表している。[注36]

注

1 原田勝正『鉄道史研究試論』日本経済評論社、一九八九年、三五頁。
2 https://www.ted.com/talks/enrique_penalosa_why_buses_represent_democracy_in_action?language=ja
3 下野新聞 子どもの希望取材班『貧困の中の子ども 希望って何ですか』二〇一五年三月、一一二頁。
4 この用語の発案者や客観的な定義は明確でないが、各種の世論調査などから自らを「中流」と意識する国民が大半を占めるようになったことによる。
5 国土交通省「平成二二年度全国都市交通特性調査の調査結果について」。
http://www.mlit.go.jp/toshi/city_plan/toshi_city_plan_tk_000007.html
6 金持伸子「特定地方交通線廃止後の沿線住民の生活—北海道の場合—」『交通権』第九号、四五頁、一九九一年。
7 総務省「家計調査年報」二〇一四年版。
http://www.e-stat.go.jp/SG1/estat/List.do?lid=000001135066
8 総務省「全国消費実態調査」二〇一四年版。
http://www.e-stat.go.jp/SG1/estat/List.do?bid=000001061698&cycode=0
9 ソニー損害保険（株）「お盆の帰省に関する調査（二〇一四年）」。
http://from.sonysonpo.co.jp/topics/pr/2014/08/20140804_01.html
10 上村達男『NHKはなぜ、反知性主義に乗っ取られたのか—法・ルール・規範なきガバナンスに支配される日本』東洋経済新報社、二〇一五年、一六八頁。
11 厚生労働省「平成二三年パートタイム労働者総合実態調査の概況」。
http://www.mhlw.go.jp/toukei/itiran/roudou/koyou/keitai/11/

12 http://hokujitsukai.org/6sankou/unchihikaku.html?user=hokujitukai
13 西田敬「フランスの地方都市交通における統計データ（二〇一三年度資料）による一考察」交通権学会関東部会報告（二〇一六年一月二三日）より。
14 フランスの「運輸・都市計画・公共事業研究センター（ＣＥＲＴＵ）」が定期的に発行する都市交通統計書による。なお同組織は近年「災害・環境・移動・整備研究・専門センター（ＣＥＲＥＭＡ）」に改編された。
15 交通経済学に着目した都市集積の経済、自動車市場、および地域間人口移動の政策分析プロジェクト編「公共交通における運賃統合の経済分析」日本交通政策研究会「日交研シリーズＡ－６２６」二〇一五年四月。
16 物理的距離ではなく、運賃・料金計算上の営業㎞で示す。
17 日本は現状の時刻表より、欧州は「レイルヨーロッパ」日本サイトより。
http://www.raileurope-japan.com/
18 交通事故総合分析センター「海外情報・国際比較」。
http://www.itarda.or.jp/materials/publications_free.php?page=31
19 国土交通省「平成二二年度全国都市交通特性調査」。
http://www.mlit.go.jp/toshi/city_plan/toshi_city_plan_tk_000007.html
20 もりすぐる『鉄道ファンのための法学概論』一九八八年、三頁、執筆は一九八六年。
21 宮脇俊三『時刻表昭和史』角川選書、一九八〇年、一六七頁。
22 東京電力「凍土方式による陸側遮水壁」。
http://www.tepco.co.jp/decommision/planaction/landwardwall/index-j.html
23 「放射線防護シェルター開発」『電気新聞』二〇一四年六月一八日。
24 一九九五年三月二〇日に、東京都内の地下鉄五カ所でオウム真理教関係者が神経ガスのサリンを散布し、ガスを吸引・接触した利用者と駅員に死者一三名・負傷者六三〇〇名の被害を生じた。
25 http://blog.goo.ne.jp/tomorrow_2011/m/201601
26 温度が色別の分布で画像として表示される装置。民生部門ではエアコンや衣服の機能を示すために用いられるケースがよくみられる。
二〇〇二年一〇月一二日に、インドネシアのバリ島南部の繁華街で自動車に仕掛けてあった爆弾が爆発し外国人観光客など二〇二名が死亡した。同国内のイスラム派組織が実行したものとされている。

27 http://policestory.cocolog-nifty.com/blog/2009/11/post-3bee.html
28 阿部等「【沿線革命０５０】鉄道テロ対策は、手荷物検査より不審者検知・追跡システムを！」『現代ビジネス』（Ｗｅｂ）二〇一五年七月九日。
http://gendai.ismedia.jp/articles/-/44099
29 阿部等「鉄道に不審者検知・追跡システムの導入を—世論は防犯カメラ増設を歓迎している」『ＮｅｗｓＳｏｃｒａ』（Ｗｅｂ）二〇一六年三月九日。
https://socra.net/society/
30 http://www.nikkei.com/article/DGXLZO95678880Q5A231C1CR8000/
「防犯カメラ設置『増やして』六割 民間調査、『不快』は一五％」『日本経済新聞（Ｗｅｂ版）』二〇一五年一二月三〇日。
31 前述29Ｓｏｃｒａ。
32 ＪＲ東日本「Ｓｕｉｃａに関するデータの社外への提供について」。
http://www.jreast.co.jp/pdf/20140320_suica.pdf
33 オムロン(株)「弊社グループ会社の研究開発における画像情報利用に関するお詫び」。
http://www.omron.co.jp/press/2014/07/c0712.html
二〇一五年九月に「個人情報の保護に関する法律」の改正が行われて匿名加工情報が規定されるなどの状況を受け、ＪＲ東日本はＳｕｉｃａデータの社外提供に関する有識者会議を開催する等の対応を行っている。
34 小川進『防犯カメラによる冤罪』緑風出版、二〇一四年、四頁。
35 二〇〇八年五月に舞鶴市（京都府）で発生した女子高生殺害事件で五九歳男性が逮捕・起訴されたが、検察側が証拠として提出した防犯カメラの画像は一審の段階から証拠能力を否定された。裁判そのものは最高裁まで争われ、二〇一四年七月に本件については無罪が確定した。ただし容疑者の男性は別の事件でも逮捕されている。
36 日本弁護士連合会「監視カメラに対する法的規制に関する意見書」二〇一二年一月。
http://www.nichibenren.or.jp/activity/document/opinion/year/2012/120119_3.html

第3章　電車から見える日本社会

「日本は世界一」の幻想

最近「世界中が日本の文化、習慣、科学技術を称賛している」という論調がしばしばみられるが、それは外部から評価された場合に意味を持つのであって自画自賛は見苦しい。二〇一一年七月に発生した中国新幹線の列車追突事故に関して、一部のメディアや論者は「日本の新幹線は路線距離では負けたが安全では勝った」「中国の新幹線は寄せ集めの急造で信頼性が低い」等の論評を加えた。しかし日本の新幹線には懸念がないのだろうか。日本の新幹線が長年にわたる高速・大量輸送に対して人的被害を生じていない実績は高く評価すべきであるが、今後も同様であるという保障には全くならない。日本の新幹線も決して安閑としてはいられない。

利用者の目に直接触れる場所でさえ驚くような事例に遭遇したことがある。写真3は二〇〇九年一二月に山陽新幹線で撮影した車両であるが、車体が腐食して今にも穴が空きそうな状態で営業列車に使用されていた。客室ではなく乗務員室の部分ではあるが、走行中に車体が破損して破片が飛散するなどの事態が発生すれば派生的に大事故に発展しうる。同型車両は国鉄時代の一九八五年から民営化後の一九九二年にかけて製造され改修を繰り返しながら使用されてきた車両である。せめて塗装か当て板など最低限の補修を施すべきであるが腐食箇所がむき出しのままであった。幸いにも同型車両は二〇一一年三月の九州新幹線の全線開業時までに廃止されており、結果的に実害はなかった。しかし山陽新幹線では上下列車のすれ違い時には相対速度が時速六〇〇㎞という航空機なみの速度に達する使用条件で、どのような根拠に照らして運行に支障がないと判断したのだろうか。同社のホームページには福知山事故（二〇〇五年四月）いらい現在に至るまで同事故に対するおわびが掲載されているが、どこまで真剣な姿勢があるのか疑わざるをえない。

新幹線以外の鉄道でも「世界一」を自慢するにはほど遠い状況をしばしば目にする。写真４は東京急行電鉄の車両（東京メトロ半蔵門線と相互乗入れ）に現在も掲げられている「ローレル賞」[注1]のプレートである。同賞は鉄道愛好家の団体がその年に登場した車両の中から技術面や先進性に優れた車両に毎年授与

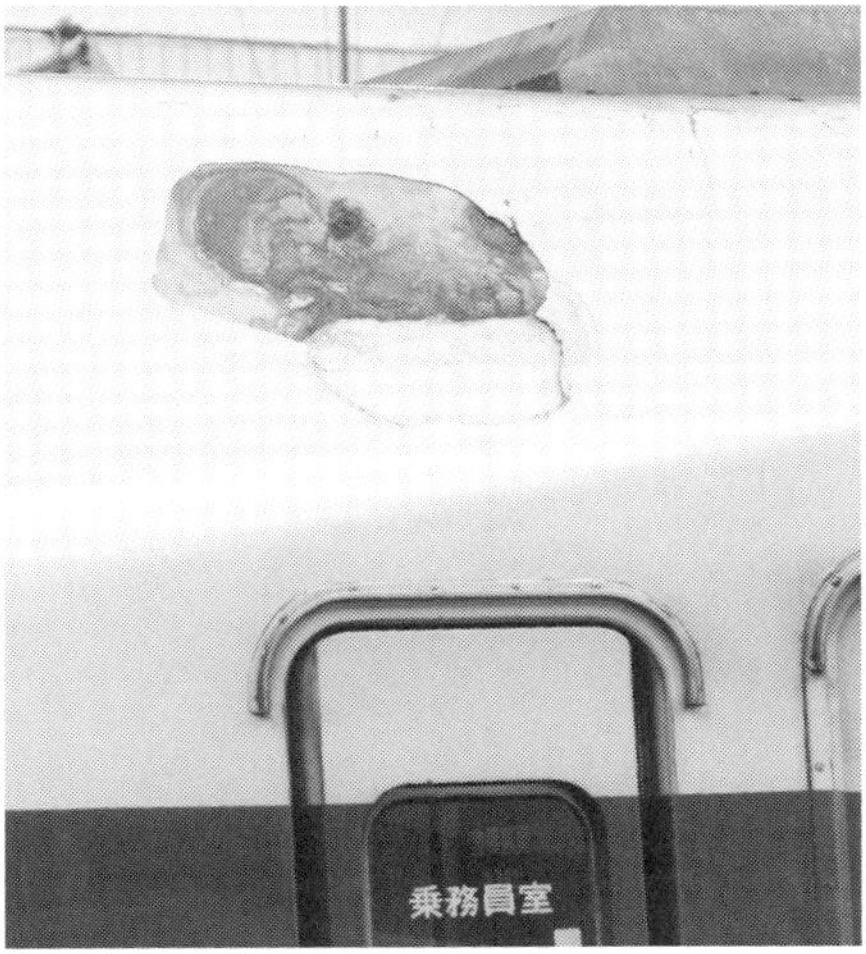

写真３　腐食した新幹線の車体

写真４　40年前の古い車両

している賞で、自動車の「カー・オブ・ザ・イヤー」と同様の趣旨である。プレートにあるとおり一九七六年の授与であり、オリンピックを迎えようとする東京の主要路線に四〇年前の「先進的車両」が使用されている現状は自慢になるとは思えない。また首都圏で数十年使用した車両を地方の中小民鉄に払い下げてさらに使用することもしばしば行われている。言い換えれば地方の中小民鉄は中古車両でなければ購入できないほど経営が厳しいのである。同様の使い回しはＪＲ内部でも行われており、大都市圏で使い古した「お下がり」が地方部に回されている。これらはただちに安全が損なわれるとは言えないが、少なくとも利用者に対して優れたサービスとは言いがたい。

東京の都心の駅でさえ古いレールをホームの屋根に再利用しているケースが珍しくない。首都直下地震も警告されているときにこのような状態でよいのだろうか。また地下駅（地下道）でしばしば目にする光景であるが、天井からの漏水をビニールシートやビニール管で受けて応急対策を施している。漏水は実害を生じており二〇一五年一二月六日にＪＲ東日本・横須賀線の地下区間（東京駅〜新橋駅）で排水設備に泥が詰まって線路が冠水し長時間の運休を生じ、さらに二〇一六年二月八日にも同・総武線地下区間で類似の線路冠水が発生した。東京五輪を目前にしてこれでは心もとないのではないだろうか。

総務省は二〇一五年一一月に鉄道施設の保全対策に関する行政評価・監視に基づく勧告を公表した。[注2]このうち「鉄道施設の定期検査等の適切な実施」に関しては、トンネル・橋・土木構造物（盛土など）・擁壁・軌道（レールのずれなど）について、点検していなかったり、補修が必要な箇所を把握しながら放置していた事例が多数発見された。補修しなかった理由として運賃収入減による赤字を挙げた事業者もあったという。あるいは一連のＪＲ北海道の不祥事[注3]に関して、レールの歪みを示す検査データが改ざ

図10　長期にわたる鉄道職員数の変化

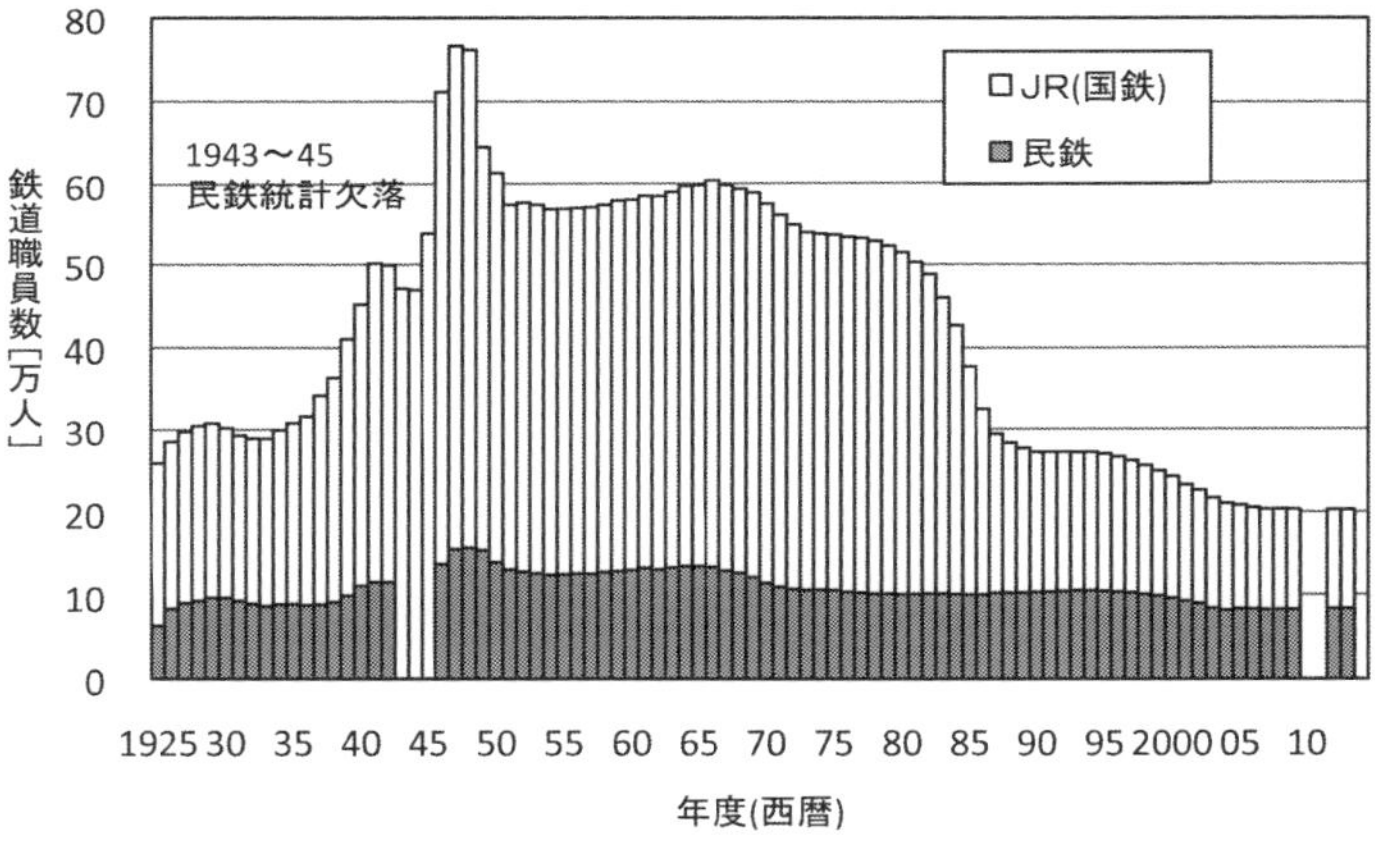

んされた事件では、現場から報告されたデータが本社の管理部門に受け取りを拒否され、何回かやり取りするうちにデータが書き換えられていた経緯が判明した。[注4] 民鉄大手の名古屋鉄道でも、重大事故ではないものの二〇一六年四月に同社名古屋線・呼続駅で屋根から木製のひさしが落下してホームの利用者が負傷する事故が起きている。

図10は戦前から長期間にわたる鉄道職員数（JR（旧国鉄）＋民鉄・公営）の変化を示す。[注5] ただし一九四三〜四五年の民鉄の統計は欠落している。終戦直後には復員者受入れによる職員数の急増があるが、一九七〇年代には高度経済成長に伴う輸送量の急増にもかかわらず職員数は漸減しており、さらに国鉄の民営化に際しては急激な職員数の減少がみられる。ただし数字はいわゆる正社員（職員）の数であり、その他に臨時雇員・外注職員等も鉄道業務に携わっているため実数はこれより多いと思われるが、それを考慮しても一貫して人員削減が続いてきた経緯が示されている。一方でこの間

図11　ＪＲ西日本の社員年齢構成（2005年）時点

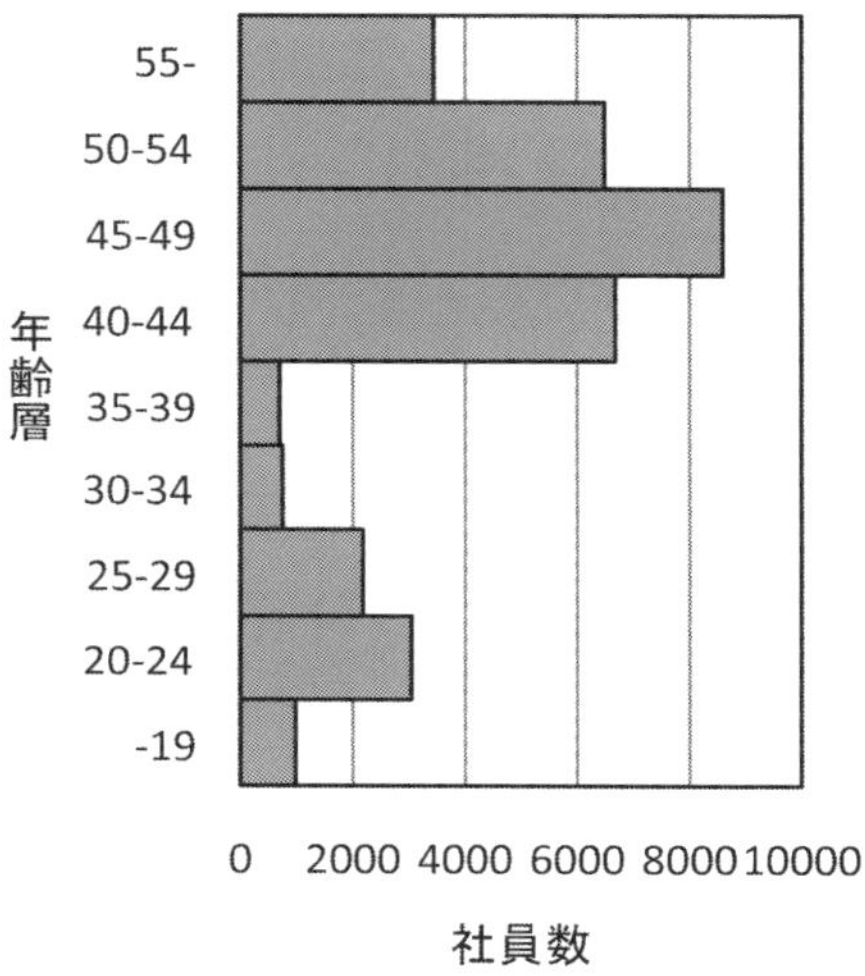

に輸送量は大きく変わっていないから、人が減った分だけ生産性が向上したとの見方もできるかもしれないが、本来は鉄道係員が担うべき仕事が利用者の負担として転嫁されている面がある。たとえば自動化・無人化・ワンマン化の拡大でサービスレベルが低下し、利用者に不便と労力を強いている点などである。さらには安全面においても、ただちに影響が現れないとしても歪みが蓄積している懸念がある。

　筆者は国鉄の分割民営に際して、国鉄は大きなシステムであるから安全文化などの蓄積がすぐには失われないが、一定の期間が経過してそれを使い果たした時にさまざまな問題が生じてくるであろうと指摘した。[注6] 実際に多大な人的被害を生じたＪＲ西日本の福知山事故、ＪＲ北海道の連続不祥事などがその例証として挙げられる。図11はＪＲ西日本における社員の年齢層と人数の分布である。[注7] この資料は二〇〇五年三月、すなわち福知山事故の直前に同社の人事担当者が業界誌に報告していた内容である。分割民営の影響で極度にバランスの崩れた年齢分布が生じているために、ことに技能的な側面の多い安全分野での技術の伝承に円滑を欠くリスクが指摘されていたが、その懸念は福知山事故で現実化した。この数字は現在からおよそ一〇年前であるから現時点ではその年齢構成が約一〇年繰り上がった構成となっている上に、ベテラン層が一斉に退職する時期を迎えることから問題はさらに深刻化すると思われる。

自然災害など外部要因による運行の支障はある程度やむをえないが、二〇一五年四月のJR東日本・山手線での架線支柱倒壊、同四月の東北新幹線架線切断、同八月の根岸線架線切断、同一二月に横浜線で再び架線支柱折損、二〇一六年三月には高崎線籠原駅で漏電による火災など、鉄道事業者の内部的要因による事故が相次いでいる。山手線の架線支柱倒壊は派生的な衝突・脱線など多重事故に発展するおそれがあったが、たまたま隣接線の運転士からの通報で事故の拡大は防止された。これらの原因に関して、部門間の風通しの悪さや技術の伝承に円滑を欠いたことが要因ではないかと指摘されているが[注8]、やはり社員の年齢層と人数の不均等がJR全社に共通したリスク要因であることが推定される。

ことに二〇一六年三月の高崎線籠原駅での火災では延べ三日にわたる運転支障を招いた。原因は送電線を吊る碍子《がいし》が経年のため劣化して漏電し、電流が梁を伝わって信号機器設備を発火させたとみられている[注9]。信号機器はポイントや信号機を制御しており、安全と運行管理に関わる中枢設備である。調査の結果、現物の碍子は耐用年数を大きく超えていたが管理台帳のミスで更新の対象から漏れていた上に、定期的な巡回点検でも劣化が発見できなかったという。さらに同年五月には、同じ籠原駅で信号関連トラブルが相次ぎ、たびたび高崎線でダイヤの乱れが発生した。このため同線と相互乗り入れを行っている東海道線・湘南新宿ラインにもダイヤの乱れが波及した。本来、時間短縮効果を期待して相互乗り入れが実施されたにもかかわらず、ダイヤの乱れが多いため、利用者としては以前よりも早く家を出なければならない事態も生じている。「テロ対策」どころかJR東日本みずからの管理体制が問われる。

国鉄時代には服装など外見をはじめ勤務態度が弛緩した職員が各所で見受けられ、問題となった。民営化後にはそうした問題は影を潜めたかに思われたが、民営化後三〇年が経過して再び問題が表面化しているとともに、民鉄各社でも不祥事が発生している。二〇一四年一月にはJR北海道の運転士が操作ミスを隠すためATS（自動列車停止装置）のスイッチを意図的に壊す事件が発生した。二〇一六年一月にはJR東海の出札担当の駅員が、人気のある寝台特急『カシオペア』の指定券を収集目的で私的に発券して持ち帰る不祥事があった。

また同月には山手線の運転士が私物のスマートフォンを片手で操作してゲーム動画を見ながら運転していたことが発覚した。同運転士は運転経験が通算一六年のベテランであったという。この他にもJR東日本では、運転士や車掌が乗務中にマンガや文庫本を読んでいたことが発覚する、車掌の居眠りで列車のドアを開けるのが遅れる、駅員による自動販売機の売り上げ代金の窃取など、不祥事が続発している。民鉄では、二〇一二年三月に小田急電鉄で車掌が回送列車に故意に女子高校生を乗車させた事件、二〇一六年二月には相模鉄道の社員が遺失物のICカードを無断で払い戻し着服を繰り返した事件が判明している。

新幹線でさえも投げやりサービス

JR各社に共通するが、収益の主力である新幹線を重視するのに比較して、在来線とりわけ地方交通

写真５　改札の中にある掲示

線における投げやりな経営姿勢は目に余るものがある。その新幹線でさえも「列車さえ動いていればいい」「駅の外はどうせ自動車社会だ」という発想がみられ、投げやりな姿勢が拡大しつつある。写真５はＪＲ東日本の東北新幹線のある駅での光景であるが、幅二ｍほどもある大看板が改札を入った後の通路に設置されている。ここまでくると逆に「恐れ入りました」と感じ入るほかはないが、これでも世界に誇る新幹線の駅だろうか。かりにこの内容を表示するにしても、利用者が改札内に入る前に知ることができる場所に設置すべきではないだろうか。

東北新幹線では列車によって編成両数が大きく異なる。大きな駅ではドアの位置ごとに電光掲示盤が設置され、列車の名称と発車時刻、車両の号数が具体的に表示される。しかし中間の駅では電光掲示板がホーム全体に二〜三カ所設けられているのみである。

特に先着順の整列を求められる自由席車両に対し

ては、どこで待てばよいのかわかりにくい。ホームには尋ねるべき駅員の姿はなく発車直前にしか現れない。利用者は電光掲示板からまず自分の乗る列車の「編成両数」を確認し、次にホームのペイント表示などを見て「〇両編成の〇号車」という場所を探して歩く手間を求められる。駅員を削減するならせめて電光掲示盤くらい整備すべきであろう。

ＪＲ九州の九州新幹線では、全国の新幹線として初めて二〇一六年三月から同線新玉名駅のホーム要員を廃止し、ホームドアの開閉や安全確認は列車に乗務する車掌が担当することとなった。同駅は乗降客が少なく（一日あたり約一二〇〇人）、ホーム要員廃止によって現在一六人の駅員を六人減らせるという[注10]が、一方で監視カメラの増設など設備の改修に三億八〇〇〇万円を投入する。ＪＲ九州の完全民営化に向けた施策の一環であり、経常費用は切り詰めても設備投資は別枠という理由からと推定されるが、利用者には何らメリットのない数字上の操作である。そもそも無人化しても問題ないと判断するほど乗降客が少ないという理由を挙げるならば、なぜそのような地域に新幹線を建設したのかも問われる。

日本の交通政策が一貫して道路優先・鉄道冷遇が続いてきた中で、全国に新幹線ネットワークを展開した関係者の功績は大きい。その時間短縮効果は圧倒的であるが、交通体系としては必ずしも合理的でない面が残っている。新幹線はあくまで三大都市圏（特に東京）への中心指向である。インターネットの時刻検索システムを利用してみるとわかるが、たとえば山形駅から東京駅へ行く所要時間（二時間四六分）よりも、同じ東北内で山形駅から秋田駅への所要時間（四時間〇三分）のほうがはるかに長くかかるのである。[注11]この面での格差は近年むしろ拡大しており、これから財源の制約が強まる中での交通体系整備には総合的な観点が求められる。

JRでも変わらぬ「お役所」体質

あるとき中部地方（JR東日本の営業範囲）の人口二〇万人ほどの市の交通担当者の方から相談を受けたことがある。この市は地方中枢拠点都市に位置づけれられており過疎地ではなく、朝には混雑する時間帯がある。JR発足以後、列車の編成両数が削減されて混雑が激しくなったため、JRの地域支社に通勤列車の車両増結を要望したところ、支社から「列車が混雑していないと本社に説明がつかない」として拒否されたと憤慨していた。

一九八〇年代に国鉄の連続値上げと職員に対する批判が最高潮に達し「親方日の丸」と批判された。経営責任が不明確、非効率でコスト意識に欠ける「お役所仕事」、利用者に対する横柄な態度などに対する形容である。それでは民営化されて抜本的に改善されたのだろうか。国鉄の民営化（一九八七年四月）に際して「役所と営利企業の悪いところを合わせた組織になる」と危惧する意見があった。鉄道事業の経営者は現場感覚が乏しく、収益性・省人化・経費削減など机上の経営指標の数字でしか鉄道を捉えられなくなっている。そのしわ寄せが混雑の激化や利用者に対するサービス低下をもたらしている。さらに直接的に利用者の安全にかかわる問題としてもJR西日本の福知山事故、JR北海道の連続不祥事などが表面化している。企業のマーケティングの面からみても、短期的な経営指標を重視するあまりサービスを切り詰めて利用者を失うことは得策とはいえないであろう。

国鉄が民営化されて三〇年が経ち、横柄な接客態度などは表面的には姿を消したと思われるが、それらの負の部分が機械や電子システムに置き換わっただけで本質は変わっていない印象を受ける。たとえばＩＣカード（Ｓｕｉｃａ）適用区間なのにＩＣカード定期券を販売せずチャージもできない駅がある。「使いたければ売っている駅まで買いに来い」という発想は依然としてお役所仕事ではないか。サービスの改善その他について利用者や自治体から何かを要望しても「お客様のご理解・ご協力」という常套句を繰り返して聞き捨てるだけの姿勢も変わらない。むしろ経営者が現場への関心を失い、机上の経営指標の数字にしか関心を示さなくなっている。

具体的な日時・場所は示さないが、ＪＲ東日本のある駅（新幹線停車駅）で駅員から粗暴な応対を受けたことがあったので「問い合わせセンター」に電話した。するとオペレータから、日時や場所の確認は当然としても、さらに「その担当者の風貌は？　体格やメガネの有無は？」等の質問を受けた。国鉄時代にも同様の経験があり、特定の個人に対する追及につながりかねないと感じたので、その質問にはあえて答えなかった。あとで考えると、むしろ利用者のそうした自制を期待してクレームを持ち込まれないようにするノウハウではないかとも感じた。

また別の時にＪＲ東海の駅で乗車券を購入しようとしたが、窓口に係員の姿がなく列車の時刻が近づいても現れないので、駅に設置してあった投書箱に苦情を投函した。苦情を伝える以上は匿名でなく連絡先を明示すべきと思ったので住所や電話を記入した。すると後日、駅から自宅に直接電話があった。これで回答を処理したことにして「上に伝えずに済ませる」という便法であると思われた。実際に会社の担当部門からはその後何の連絡もなかった。過剰な省人化のために、切符を販売するという最も基本的な駅の業務にさえ支障を来たすのであれば、担当者の怠慢ではなく会社として対処すべき事項ではないか。筆者は旧国鉄時代から鉄道を積極的に使い続けているが、こうした点の風通しの悪さは国鉄時代から改善されていない。

国鉄時代、新幹線の車内改札（いわゆる検札）で車掌が「切符は一万円札より高いですから紛失しないように気をつけて下さい」とユーモアのある声かけをしていたことがあった。また東京の上野駅から出発した夜行列車が青森に近づいたころ「皆様は、東京都、千葉県、茨城県、福島県、宮城県、岩手県を通ってようやく青森まで来たのでございます」と即興の放送で長旅の労をねぎらう車掌もいた。予讃本線（愛媛県）の特急に乗車した時、急に英語の案内放送が流れた。当時は自動放送の設備はなく肉声放送である。たまたま途中の駅から外国人が乗ってきたのを見て個人的に英語の心得があった車掌が臨機応変に対応したのであろう。東北のローカル線では「寒いですね」とお茶を出してくれた駅もあった。

マニュアル化はサービスか

ＪＲになり駅員や車掌の言葉づかいは表面上は丁寧になり、検札や巡回で車室を出入りするたびに車掌が礼をするなど過剰とも思えるくらいの変化がみられる一方で、ほとんど全員が「マニュアル係員」になってしまった。コンビニエンス店やファミリーレストランで、客のほうがマニュアル通りに動かないと、店員が声を荒げてマニュアル通りに手順を運ぼうとすることに不愉快な思いをした人は少なくないであろう。鉄道でも、ことにＪＲはその最たるものではないか。

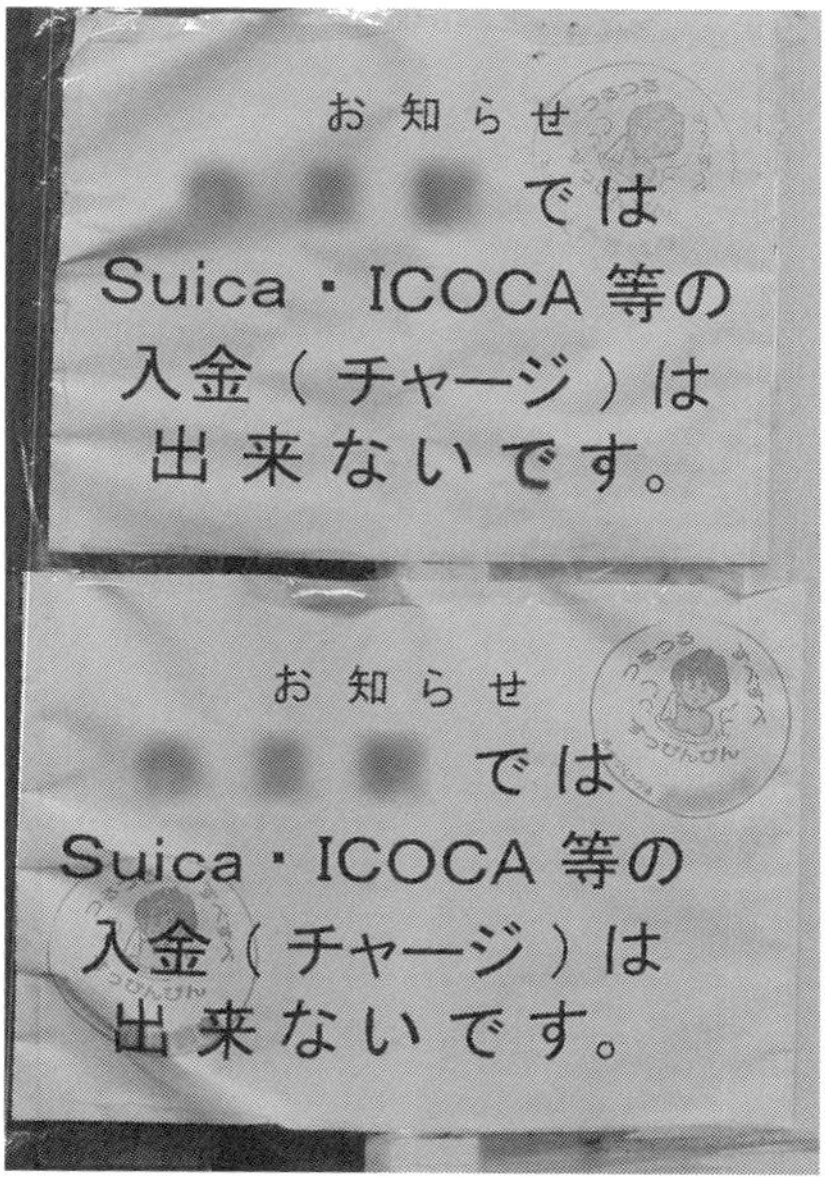

写真6　Suicaに関する掲示

さらにマニュアル化の行き過ぎと言うべきか「禁煙とさせていただきます」「五両編成でのご案内となります」など煩わしいほどの敬語が氾濫している。鉄道関係者が執筆する学会誌・専門誌の論文まで利用者のことを「お客さま」と表記する例をみかける。その一方で投げやりな言葉づかいもみられる。ICカード利用区間が拡大しているが、主要な駅以外では自動改札機の代わりに入場・出場のみを記録するスタンドのみの簡易読み取り機を設置している。こうした駅ではカードへのチャージ等の取り扱いができないため、写真6のような掲示があった。しかし「出来ないです」という投げやりな言葉づかいはいかにも不釣り合いである。

国鉄時代には職員を養成する「鉄道学園」という体制があった。「鉄道職員は社会のあらゆる階層と接するから教養が必要である」という発想に基づくとされ、各界の講師を招いて大学教養課程に相当する授業が行われた。「マニュアル係員」は、経営の観点から短期的には効率的かもしれない。しかしなぜ人間が必要とされるのか。それはマニュアルでは対応できない場面が必ず発生することがあり、それに備える必要があるためである。

マニュアルに関して筆者がいつも想起するのは、北陸トンネルにおける一九六九年一二月の寝台特急『日本海』の火災事故における機関士（現在は「運転士」の職名）の対応である。北陸トンネルの火災事故としては一九七二年一一月の急行『きたぐに』の事故が広く知られているが、その三年前にも特急『日本海』の火災事故が発生している。当時のマニュアルでは列車火災が発生したらただちにその場で停止することと規定されていたが、特急『日本海』の機関士はトンネル内では避難・消火が困難と独自に判断し、そのまま走行を続けてトンネルを出てから停止したために死傷者を生じずに事故は収束した。[注12] また東日本大震災の際に、宮城県気仙沼市の海沿いでJR気仙沼線の列車が緊急停止した後に、線路伝いに歩いて帰宅しようと試みた乗客に対して、乗務員が「急いで高い方向に上れ」と呼びかけたことにより一瞬の差で津波を逃れたとの記録もある。[注13] いずれも「マニュアル」にはない判断で多くの人命が救われた事例である。

「マニュアル」は必要であるが、一方で常に落とし穴が存在することもわきまえておく必要がある。国鉄時代には「安全綱領」という規範があり、多くの現業部門にそれが掲げられていた。その第五項に「疑わしい時は手落ちなく考えて最も安全と認められるみちを採らなければならない」とあり、まさにそれを実践したのが特急『日本海』の機関士であり、気仙沼線の運転士であった。国鉄の民営化後、JR西日本ではこの「安全綱領」を廃止した。それがただちに福知山事故に結びついたという検証はできないが、経営者の姿勢や企業のあり方が直接・間接に安全に影響を及ぼした関係は否定できないであろう。

「コンピュータ日の丸」になったＪＲ

かつての有人改札、ことに大都市の駅での改札業務は鉄道職員にとって重労働であった。保線区のような身体労働はないものの、次々と通過する利用者の乗車券の内容（有効区間や有効期間、種類など）を一瞬で見極め、利用者の故意あるいは不注意による不適切な使用をチェックするために集中力を維持していなければならない。利用者と対面で接することによる心理的負担も大きい。このため改札の自動化（機械化）が歓迎された背景はわかるが、逆にそのためのトラブルも起きるようになった。二〇〇七年一〇月一二日に首都圏全体で自動改札機のシステムダウンが発生したことは大きく報道されたが、筆者もこれに遭遇した。利用者の滞留を防ぐために各駅で自動改札を開放した対応は適切であった。ただし駅によっては、ＪＲと民鉄の乗り換え改札を閉鎖せざるをえなくなり、利用者がいったんＪＲの改札を出て、大回りして民鉄の改札に入りなおす手間が必要になったケースもある。

たまたま同月一日には、政府の「情報化月間」の一環として、首都圏のＩＣカードのシステムが「情報システムの典型的成功例」であるとして国土交通大臣表彰を受けたばかりのトラブルであった。首都圏のＪＲ・民鉄・バスその他を統合する大規模のネットワークや、オートチャージなどの機能を想定していなかった当初のシステムに対して、後付けで多様な機能を追加したことが負担となって、トラブルを引き起こした、との指摘もある。[注14] いわゆる「ＩＴ化」が誰のためのものなのか改めて考える機会でもあった。そもそも平常時でも自動改札は利用者にとって必ずしも使いやすい装置ではない。ラッシュ時に利用者が次々と連なって通るときにエラーが発生して利用者同士の玉突きが発生する状態をよく見かける。通常の乗車券で通れない「ICカード専用」の自動改札機を混在させ、混乱を招いている駅も少なくない。また多機能といいながら障害者割引に対応できない、あるいは事業者によって対応がまちまちなどの問題も指摘されている。[注15]

また東海道新幹線と在来線の乗り換え改札口では、自動音声で「乗車券をお取りください」と繰り返す多数の自動改札機が並び、それぞれの改札機から個別に自動音声が発せられるため、それらが混じりあって結局のところ意味不明な騒音にしか聞こえない場所もある。なおこの「乗車券をお取りください」という注意は、「ここは出口ではないので特急券のみを回収するが、乗車券は引き続き所持してほしい」という意味である。しかしその方式の認識が乏しい不慣れな利用者にとってはもともと意味不明な案内に過ぎない。筆者でさえも、東海道新幹線のある駅でふだん使わない乗り換えの改札から出たときに乗車券を置いてきてしまい、後に気づいて取りに戻った経験がある。機械による情報提供のみに頼ることは、利用者の信頼を失うおそれもある。

最近のＪＲ東日本では、駅の省人化のため自動改札機を設置し、離れた場所にいる駅員が精算機や自動改札などの操作・監視をインターホンやカメラを通じて行う方式が導入されている。改札でエラーが発生した場合や、通常の歩行により自動改札を通れない車いすや視覚障害者などが改札を通過できなかった場合には「インターホンで駅係員をお呼びください」と自動音声で案内される。しかし視覚障害者はそもそもインターホンの場所（より具体的には「押しボタン」の位置まで）を認識することが難しいし、場合によっては有人の改札口まで障害者のほうが大回りして移動しなければならない。[注16]白杖を使用して歩行する視覚障害者は、慣れたルートでは自動改札を利用できるが、多くの人は右手（利き手）で白杖を振るのに対して自動改札のセンサーも右側にあるため、そのたびに白杖とカードを持ち替える手間が発生する。持ち替えれば白杖やカードを取り落とすトラブルが起こりやすく、視覚が使えないためそれを拾うのが困難となる。こうした問題点は一例に過ぎないが、そもそも自動改札は健常者しか想定していないシステムであるところに問題がある。いかに電子技術を活用したところで、障害者にまで「機械の都合に合わせろ」と要求するシステムは優れた機能ではない。

ＪＲに限らないが、多数の自動券売機が並んでいる一方で有人窓口が離れた場所にあり、利用者のほうが大回りしなければならない配置の駅が少なくない。海外では、自動券売機と同じ場所に「Ticket and Assistance」という有人窓口があり、乗車券が対面で購入できると共に案内も受けられるようにしている事例（ロンドン地下鉄）もある。要領がわかっている利用者は自動券売機を迅速に利用すればよく、利用に不慣れな人・言語のわからない人・障害などで自動券売機が操作できない人は対面でのサービスが受けられる合理的な発想である。日本では二〇二〇年の東京五輪に向けてバリアフリー対策の充実が提唱されている中で、首都圏の基本的な交通手段である鉄道の対応ができていないように思われる。

利用者本人は不正乗車の意図がなく正当な乗車券あるいはＩＣカードを所持しているつもりであるが、何らかの条件が合わずエラーとなるケースもある。以前に筆者が参加したシンポジウムでは、年配の女性から「自動改札の扉が自分の意図に反して不意に閉まるので怖くて鉄道は使えない」という指摘があった。扉が閉まっても、利用者は自動改札機は必ずしも信頼性がないと知っている上に本人は不正乗車の意図もないから、機械の側のエラーと解釈して次々と隣の改札機の通過を試みてエラーを続発させてしまうケースもある。筆者が毎日利用している駅では自動改札が一〇基ほど設置され、同じ並びに有人窓口があって係員が数名勤務しているが、常に利用者の対応に追われていて自動改札のエラーが発生しても対応ができない。

自動改札の扉が閉まった際に、利用者がそのまま押して通る「強行突破」と通称される行為もみられる。自動改札の扉は緊急時の対応も考慮する必要があり、閉まった状態でもある程度の力で押せば通れるようにしておく必要もある。このため急いでいる利用者の中には、エラーが起きると閉まった扉を押して通ってしまう人もいる。これは鉄道事業者からみると「不正乗車」と解釈するかもしれないが、不正乗車の意図がないのに「機械の都合」で通れないエラーが発生することは、鉄道事業者側に問題があると考えるべきではないだろうか。

ＪＲ各社・日本民営鉄道協会・その他鉄道事業者は、共同で暴力行為防止ポスター「これらはすべて暴力です」を制作し各駅・列車内に定期的に掲出している。[注17] イラストで例示されている内容は「頭突きでけがをさせる」「ネクタイを引っ張る」「ビールをかける」であるが、こうした行為をわざわざ「暴力です」と表明しているのは、中には「暴力ではない」と主張する者がいるのだろうか。日本民営鉄道協会は毎年、鉄道係員に対する暴力の実態を公表している。[注18] 加害者は二〇歳〜六〇歳代にわたり年齢層に特徴はなく、発生場所の面では券売機や自動改札機が発端となったトラブルが多いという。飲酒が誘引となっているケースが多いが、鉄道事業者の都合だけを優先して硬直化した経費節減と省人化により利便性が低下し、利用者のストレスが蓄積している背景もあるのではないか。利用者の視点からみれば、不正利用の意図がないのに「通せんぼ」された、という不満がきっかけとなっているように思われる。

なお飲酒に起因する人身障害やトラブルに関しては、後述するように過剰な省人化（自動改札の増加、ホーム監視要員の削減）が影響している可能性がある。かつて有人改札が一般的であった頃には、泥酔してホーム上で安全に歩行できないおそれのある利用者は利用を拒否する場合もあり、またホーム上でも不審な行動の監視が可能であった。こうした基本的な安全体制を放棄しておきながら、監視カメラ等に依存したセキュリティ対策を強化するのは筋ちがいであろう。

歪んだ電子システム

日本の技術は世界一と自画自賛したところで、もともと歪んだシステムを電子化すれば「歪んだ電子システム」が作られるだけである。ＩＣカードには基本的な「乗車」の機能に関して欠陥が多い。利用者に不正乗車の意図がなくチャージ金額も不足していないのに、システム側の欠陥で改札を出られないケースがある。大都市圏内のみの利用では意識する機会が少ないかもしれないが、最近は地方都市圏にもＩＣカードが導入されて問題を生じている。ＪＲ各社の例では、ＩＣカードが利用できると案内されている同じエリアの中でありながら、①自動改札機が設置されている駅、②簡易読み取り機のみが設置されている駅、③いずれも設置されていない駅（無人駅が多い）が混在しているために生じるトラブルがある。加えて④同じＪＲ会社の中でありながらＩＣカードの対応エリアがつながっていない、⑤異なるＪＲ会社との間ではカードが共用できないなどの問題がある。これにＪＲ以外の民鉄が加わるとトラブルが倍加する。

写真7はＪＲ東日本・東海道線でＩＣカード（Ｓｕｉｃａ）が利用できない区間を示すポスターである。東京駅から沼津駅まで直通の列車が運転されているが、東京からＳｕｉｃａで乗車すると沼津駅では改札を出られない。これは⑤の「ＪＲ東日本とＪＲ東海のＩＣカードは互換性がない」という理由による。ＪＲ東日本の言い分としては、利用者はＳｕｉｃａが利用できない区間を予め調べて、該当する場合には通常の乗車券（紙券）を購入するようにと案内している。しかしＩＣカードの利用を奨励しておきながら、事前に使えない駅を調べてから乗ればよかろうという案内は矛盾しているし、利用者本位とは考えにくい。

写真７　ＩＣカードが使えない駅の混在（ＪＲ東日本・東海道線での表示）

写真の×印の説明だけでも複雑な内容であるが、かりにも、ＪＲの言い分を認めるとしても、この内容は利用者が改札を入る前に知らせなければ意味がないのに、ポスターが掲示してあるのは改札の中である。しかも広告と並べて無秩序に貼ってあるなど、積極的に利用者の注意を惹こうという意思は感じられない。トラブルが起きてから「だから書いてあるだろう」と責任を回避するための姿勢が露呈している。いずれにしても降車駅で改札を出られない（ワンマン列車の場合は降車できない）ので、窓口に立ち寄るか、無人駅の場合には列車の乗務員に申し出て、全区間を現金で精算するとともに証明書を受け取る必要がある。一方でＩＣカードには入場情報が記録されたままになっているため、次にＩＣカードを利用する際には改めて駅の有人窓口に立ち寄って記録情報を消去してもらわないと使えない。利用者にとっても駅員にとっても煩わしい処理が発生する。

これにＪＲ以外の民鉄が関与するとさらに厄介な事態をひき起こす。大都市の中心部から遠ざかるほど無人駅が多くなり、あるいは車掌が乗務しないワンマン列車のケースが増えてくる。筆者がＪＲ西日本の山陰本線で体験した例では、都市部の民鉄からカードで乗ってきた多数の利用者が無人駅で下車する際に、ＩＣカードの処理でワンマン列車の運転士が多大な時間を取られ、列車が二〇分遅れたことがある。ＪＲのワンマン列車の運転士が民鉄の運賃まで遡って計算し、手書きの証明書を発行しなければならないので、その間は列車を動かせない。ようやく処理を終わって発車しても「次は終点の〇〇駅、△△線方面はお乗り換えです」と自動放送が繰り返されるだけで、接続を待ってくれるのかなど、利用者が必要とする情報はまったく得られなかった。

地方路線なので次の路線に乗り継ぎができないと一時間あるいはそれ以上待たなければならないが、ワンマン運転のため運転士に話しかけるわけにもゆかない。ＩＣカードで乗車していない他の利用者にまで不便が及ぶ「電子化」では、利用者の立場を考慮したものとはいえないであろう。この極端な例として二〇一三年三月には、ＪＲ東海・飯田線の複数の列車で、ＩＣカードで入場してカード非対応駅で

降車しようとした利用者に対する現金精算が相次いで発生し、一時間半の遅延が生じた例が報道された。[注19]

こうした問題を防ぐには、カード非対応の無人駅が多い路線（区間）では列車の側にカード読み取り機を設ければ簡明な解決になるのだが、多くの鉄道事業者では経費の面から実施していない。事業者側の都合で利用者に不便・不快を強いてもかまわないという発想は利用者を侮っているのではないか。

そもそもＩＣ対応の自動改札機自体が機器として優れた機能ではない。駅によって種類の異なった自動改札機が導入されている場合もあり、残額表示が改札機の中間に出る機種と、先端部分に出る機種が混在している。また機種によって反応速度に差異があるためか、多くの利用者が連続して改札機を通過する場合には、本人が改札機を通過するタイミングに前の利用者の残額表示が残っていて戸惑ったり、逆に少し利用者の間隔が開くと、正常に通過できる条件なのに扉が一瞬閉まって驚くなど、利用者本位の機能にはなっていない。

多くの鉄道では回数券の制度があり、一〇枚分の値段で一一枚分利用できるプレミアムが付与されるケースが多いが、ＩＣカードには回数券の機能がないため紙の回数券を購入する必要がある。これも「買い物にも使える」「ポイントが貯まる」などと多機能を宣伝するわりには、基本的な利用においてＩＣカードに欠陥があることが露呈している。またＩＣカード定期券で有効期限が切れているのに気づかず使用していると、チャージ金額が不足しないかぎりは通常運賃が引き落とされてゆくため、場合によっては数千円以上の損失になるまで気づかない問題も発生する。これは利用者側にも責任はあるが、ＩＣカードの導入以前には起こるはずのなかった不利益が発生するという面でシステムの欠陥といえる。

三つの事業者をまたがる経路（区間）でＩＣカードの連絡定期券が発行できないケースが存在するの

もシステムの欠陥の一つである。大都市圏では三つあるいはそれ以上の事業者をまたがる通勤・通学ルートは珍しくない。発行できない経路（区間）は順次解消されているものの、せっかく電子化しておきながら利用者のほうが複数のカードを使い分けるなど事業者側の事情が優先されたシステムでは優れたサービスとはいえない。[注20]

同じＪＲ東日本の中で新幹線と在来線を乗り継ぐ際にもＩＣカードによるトラブルが起きる。首都圏では、東京都区内あるいは東京山手線内まで有効なＩＣカード定期券を所持していて、引き続き新幹線に乗り換えて遠方に旅行する場合には、まず新幹線の乗車券・特急券を自動改札機に通し、続いてＩＣカード定期券をタッチする手順が必要になる。この順番が異なると、有効な定期券・乗車券・特急券を所持していて何ら不正を行う意図もないのに、ゲートが閉まって煩わしい思いをする。逆に新幹線で戻ってくるときにはもっと厄介な手順が発生する。常識で考えれば入った時の逆の手順だと考えるから、新幹線の乗車券・特急券を自動改札に投入し、引き続き東京都区内あるいは東京山手線内から有効なＩＣカード定期券をタッチするとゲートが閉まってしまう。実際には乗車券が戻ってくるのでこれを持って通ることになるが、最終的に降車する駅ではこの乗車券は自動改札を通れず自動精算機でも処理できない。有人窓口に回って、その乗車券と有効なＩＣカード定期券を駅員に目視で確認してもらって出場することになる。これでは何のための電子化かわからない。

またＪＲ東海の東海道新幹線と、ＪＲ西日本の北陸本線（在来線）の間でも問題がある。筆者は北陸本線の上り特急『しらさぎ』から、米原で東海道新幹線の上り『ひかり』に乗り継ぐケースが何回かあったが、ここでしばしば不安を感じた。『ひかり』が『しらさぎ』からの乗り継ぎの客を受け入れる一〇分前後の待ち時間を、後続の『のぞみ』の通過待ちの時間としても兼用するなど巧妙なダイヤではあるのだが、米原駅がこれに対応した体制になっているかについてはいささか疑問がある。

乗り換え改札は駅に入場する改札とは異なり、接続列車が到着すると瞬間的に多くの利用者が集中する。上りの『しらさぎ』を降りて連絡通路に上がり、新幹線の連絡改札を通ろうとすると、自動改札機の一基が何らかのトラブルのため駅員がカバーを上げて点検しており、すぐには復旧しそうもない状況に遭遇した。続いて別の一基に利用者が磁気券を通したところ、エラーで扉が閉まった。米原駅の新幹線の連絡改札は狭く自動改札機の台数も少ないのに、そのうち二基が使えなくなりまたたく間に通路から階段まで乗り換えの利用者の滞留が発生した。

東海道新幹線と在来線（北陸線）特急の乗り換えのために、長距離の切符や指定券など、多種にわたる複数の切符を持っている利用者が多いうえに、米原までの特急券の回収も兼ねた処理を行っているので、エラーで自動改札が閉まる確率が高い。エラーで自動改札機が次々と閉まると、通路に人があふれ、ただでさえ短い接続時間が経過して不安になる。結局のところ、自動改札といいながら数人の駅員が張りついて対応せざるをえない状態に陥っており、何のための自動化なのかわからない。

このため予め事情を知っている旅慣れた利用者は、列車が米原に着く前から、乗り換え改札口に通じるホームの階段に近い車両に移動して少しでも先に出て乗り換え時間を最短化しようと努めているが、わずらわしさを毎回感じている。こうした利用者の協力がなければ日本の鉄道の効率的な運行は成り立たない。日本の鉄道の技術は何ら世界一ではなく、利用者の協力（というか忍耐と労力）が世界一なのである。

利用者の中には障害や加齢のために歩くのが遅い人、小さな子ども連れなど、短時間の乗り継ぎに不安を覚える人もいる。さらに東海道新幹線の自動改札機そのものの機能も良くない。通常の大都市圏の自動改札機ではおおむね人が通り抜けるスピードに合わせて乗車券が処理されるが、東海道新幹線の自動改札機は、最大四枚まで投入できる多機能の一方で処理スピードが遅く、エラーではないのに扉がなかなか開かない、あるいは正当な乗車券・指定券を通しているのに空いていた扉がいったん閉まるので不安を感じる場合が少なくない。

また同じ自動改札機で入場・出場の両方向から通れるように共用しているケースがある。鉄道事業者側としては、同じ利用者数に対して機器の台数が少なくて済むため合理的かもしれないが、利用者からみると不快である。入場（出場）しようとした際に、一瞬早く反対方向の利用者がタッチしたために自分が通れなくなる場面にしばしば遭遇する。

自動改札はゆっくり？

写真8は首都圏の駅に掲示されたポスターで「自動改札はゆっくり」という。あるいは「しっかり一秒タッチ」等のシールが自動改札機に貼ってあるケースもある。そもそも自動改札は「改札を素早く通れる」という機能が導入された際のアピールではないか。それを「ゆっくり通れ」とはどういうことなのだろうか。もともとＩＣカードのシステムはセンサーに「かざす」という想定だった。ところがいつの間にか利用者の間でセンサーにパタンと叩きつける慣習が広まり、読み取り時間の不足でエラーが続

出するようになった。

このポスターのイラストによると「一枚タッチ（複数のICカード併用不可）」「残額」「利用区間内」「しっかりタッチ」の四項目を利用者がよく確認してから自動改札を利用せよというのである。「利用区間内」とは、前述のように降りる駅が入場した時のICカードに対応しているかどうか予め利用者が調べて、非対応の場合は通常の切符を購入せよという意味であろう。「機械の都合に人間が合わせろ」という発想であり、利用者の視点ではなく鉄道事業者側の都合をマナーの問題であるかのようにすり替えて強要している。その一方で、改札機の機能とは無関係の商業広告がセンサー周辺に貼ってあるケースもみられるなど鉄道事業者側の姿勢も投げやりである。電子化・自動化は利用者の視点ではないことが露呈している。またこの種の注意を呼びかけるポスターや掲示自体が、商業広告と並べて無秩序に貼ってあるケースが多く、事業者側が真剣に呼びかけているという意思が感じられないため、利用者の注目度を低下させる要因となっている。なお広告に関しては、男性用トイレで利用者が向き合う壁にまで広告が掲示されている駅がある。この他、車両の外側全体に広告を掲出する例（ラッピング車両）もみられるが、

写真8　自動改札はゆっくり

利用者にとって車両の外観は無意識のうちにも列車の種類や行き先などを識別する手がかりとなっている。増収対策を名目に利用者を戸惑わせるような広告は節度に欠けるのではないか。

サービスは「ローテク」が重要

車内が商業広告で埋め尽くされる一方で、利用に関する基本情報（路線図や停車駅）が見あたらなかったり、相互乗り入れの路線に使用されている車両でも所属会社の自社線の路線図しか掲示されていないなど、利用者の視点に欠ける面が少なくない。事業者ごとに機能や使い勝手が異なる多機能券売機もその一つである。メニューを先に選ばないと現金が投入できない機種があるかと思うと、現金を投入すれば自動的にメニューが立ちあがる機種などが混在している。多機能になったために短区間の乗車券を購入するという単純な機能にかえって手間がかかるようになり、鉄道好きの筆者でさえ操作に戸惑う。インターネット予約や、前述のようにJR相互でさえも「会社が異なる」という理由でIC乗車券の共通性がないなどの不統一がみられる。利用者にとって何ら合理性はなく、国鉄の分割民営の結果でJR会社が分かれたからという理由にすぎない。

最近ICカード方式の貸ロッカーが増えている。従来の硬貨方式では複数の人が個別に操作できるが、ICカード方式では「空きボックスに荷物を入れる」「扉を強く押す（レバーを下げる等の方式もある）」「操作パネルの前に移動してボックスの番号を確認する」「現金またはICカードで支払い」「レシートを受け取る」という手順が必要となるために、複数の人が続けて使用する場合には前の利用者が操作を完了するまで次の利用者が使えない。さらにボックスと操作パネルが離れているために、他人が収納したボックスを誤って施錠する間違いが起こりやすい。操作方法がわかりにくいため利用者が途中で操作を放棄して立ち去ってしまったケースにも遭遇したが、この場合は一定時間が経過して操作がリセットされるのを待たなければならない。

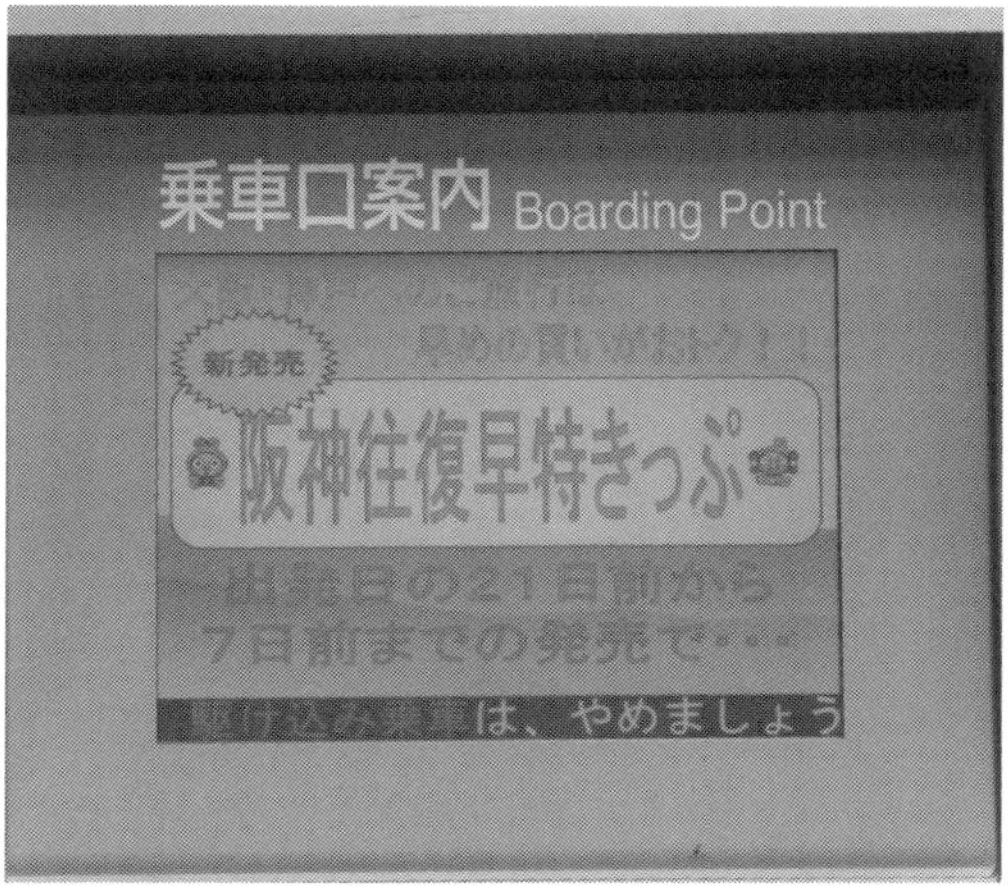

写真9　乗車口案内が表示されない「案内盤」

こうした「電子化」よりも、コインロッカーの脇に小さなテーブルを置くといった配慮になぜ思い至らないのだろうか。要領の良い人は荷物を予め選別して利用するが、その場で選別を始める人も少なくない。天候によって雨具の要否等が変わることもある。仮置きする場所がないために床に荷物を置いて整理している人もしばしば見かける。そうした配慮がみられないのは結局のところ、鉄道関係者が自分でも積極的に鉄道を使う意識がないことに起因しているのではないだろうか。

コミュニケーション

ＪＲ西日本・山陰本線のある駅のホームに「乗車口

案内」という写真9の液晶パネルが掲げてあった。当然ながら利用者としては、自由席・指定席など並び位置の案内や、電子化されているのだから列車の遅延などがあればその情報などが表示されると期待する。しかし列車が到着する時間になってもパネルには「お得なきっぷのご案内」など広告が繰り返し流れるだけで、ついに利用者に関する情報は何も表示されなかった。駅員に尋ねればよかろうと思うかもしれないが、この駅のように地域の主要駅でも最近はホームに駅員がいないし連絡する方法もない。逆に機械的な案内設備を導入することによって省人化の算定根拠としていると思われる。

こうした機器の設計者は、機器の性能が向上すればそれに応じて多様な使い方を付加したいと考えるのかもしれないが、利用者にとっては「小さな親切、大きな迷惑」に過ぎない。いつまで見ていれば自分が必要とする情報が表示されるかは、システムを作った側が知っているだけで利用者の側からわからない。いつまで見ていても「またさっきと同じ広告が出てきた」という現象の繰り返しによって、自分が必要とする情報は表示されないのだと認識するしかない。「詳しいことは駅員にお尋ね下さい」などという文字で終わってしまうこともある。文章の途中で画面が切り替わって用をなさないケースも少なくない。

外国人が英語表示が出ることを期待してしばらくディスプレイを注視していたが、英語の表示は何も表示されずに終わってしまったケースも見かけた。あるいは、こうした制約に乗じて広告を強制的に見させる意図があるとも考えられる。もともとが広告用のディスプレイならば公共広告や防犯標語などを流すことも許容されるだろうが、首都圏のT社ではホームの発車案内の表示盤に「振り込め詐欺にご用心」という文字が流されていたこともある。一方で、列車の発着が頻繁な場合に、複数の自動放送や人声放送が大音量で重なり合い、わんわんという大騒音を発生させているだけで何を言っているのかわからない状況にもよく遭遇する。

なお英語その他の外国語の案内に関しては、日本語では延々と何かを放送しているのに外国語では簡単な案内しかなく、外国人には何か重要な情報が伝えられていないのではないかと不安になるという指摘もみられる。また通過駅のある列車の場合に「○○駅、○○駅…には停まりません」という案内がある。日本語のわからない外国人でも固有名詞は聞き取れる場合が多く、駅名を連呼すれば常識的には「停車する駅」と解釈するであろう。こうした面にも配慮が必要ではないだろうか。

同じくJR西日本で遭遇した例であるが、駅の壁面に貼ってあるバス路線図・時刻表の前に飲料の自動販売機が置かれて表示が見えなくなっていた。やむをえず自動販売機の後部のすき間から覗きこんでみると、一部のバス便は駅前に立ち寄らず離れた停留所から発着するという重要な情報が表示されていた。バスの便数が少ない地方都市では笑いごとでは済まされない。JRの駅の管理者や係員自体が、公共交通を利用して旅行する感覚が乏しい。同じような例は新幹線にもみられる。JR東日本の東京駅の新幹線乗り場では、時刻表が掲示してある柱の前のスペースがコーヒーショップの並び場所になっていて内容が見えない場所などもある。

機械音や合成音を利用した案内も多いが、これらは人間の声に比べると自分に対するコミュニケーションとは認識しにくい。自動放送で繰り返し案内していても、同じ内容を駅員に確認したり、近くに駅員の姿がなければ清掃員や売店の従業員、周囲の利用者にまで尋ねる利用者も少なくない。このためますます大音量で自動放送を繰り返したり、表示盤を大きく派手なデザインにしたりエスカレートさせる傾向があるが、これでは騒音を増すだけで効果は乏しい。

電子的な表示器は状況に応じて柔軟な情報提供ができると考えられる一方で、パソコンなど情報機器が普及した現代であるからこそ、電子情報であっても適切に更新されていなければ役に立たないことを多くの人が知るようになり、かえって信頼性が低いと受け取られる面もある。新しい駅の構内でも駅員が手作りで作成したと思われる「貼り紙」が少なくないのは、鉄道事業者側も利用者もそのほうが訴求力があることを感じているからである。現在でも「黒板」を好んで使用する事業者もある。多くは事故などによる急告だから走り書きになるが、実はそのほうが「人間が介在している」という信頼性がある。

「公共交通オープンデータ協議会」[注20]という活動がある。交通機関の運行情報や、駅や空港などの施設情報（エレベーターやトイレの位置など）を提供することを目指しているという。また多言語化すれば外国人旅行者に対する利便性向上にもなるとの期待も示されている。しかしおそらくこれは機能しないだろう。日本人の利用者なら「非常ボタンが押されたなら支障時間は数分から一〇分くらい、人身事故なら一時間程度止まるだろう」等の経験則を背景にその後の行動を判断している。「平常時には便利だがトラブルがあると機能を失う」というシステムではせっかく構築しても効果が減殺され、開発者の自己満足とメーカーの営業トークに過ぎなくなる。

余裕のないサービス

多くの駅ではホームの両面に列車が発着する（島式ホーム）。ことに朝の混雑時には双方に面した並びの行列が互いにホームの反対側まで達して列が混ざり合いわずわらしい思いをしたり、さらにその外側（線路寄り）を利用者が綱渡りのように歩く危険な場面も日常的に繰り返されている。しかしホームにはそうした状況を整理すべき駅員の姿はなく、遠くから「お客様のご理解・ご協力」と放送で呼びかけるのみで済まされている。特にトラブルのない平常時でも階段に人が詰まって動かなくなることは珍しくない。

首都圏のある民鉄では、ホームでは三列に並ぶようにと執拗に放送があり、時には駅員が巡回して三列を指示することもある。これは並び列を短くしないとホームの反対側まで列が達して混乱するという事情によるものであることは推定できるが、ホームのペイントで示されている間隔では隣の人と体がぶつかって並ぶことができない。どうしても三列に並ぼうとすれば菓子の詰め合わせのように全員が体を斜めにして並ぶしかないが、そのような態勢は無理だからすぐに自然と二列に戻ってしまう。この問題についてサービス担当窓口に意見を伝えたが「お客様のご理解・ご協力」という決まり文句が返ってきただけであった。

加えて最近は「駅ナカ」と呼ばれるビジネスモデルが注目され、駅の敷地内に商業施設や飲食施設を設ける事例が増加している。中には人の流れを妨げてまでコンコースに出店を設けるなど、鉄道事業者自身が混乱を助長する運営さえ行われている。これは防災の観点からも好ましくない。しかもこうした商業施設に対して物品の搬入が不可欠であるところから、鉄道駅の施設でありながら貨物自動車の出入りが必要となり、ある調査によると既存の商店街よりも高頻度で貨物自動車が集中しているという。[注21] 一方でこうした店舗は数年あるいはそれ以下の周期で撤退してしまうケースが頻繁にみられる。そこで働いていた人はどうなるのだろうか。

座れない「待合室」

日本の鉄道は、速達性・利便性・定時性などの指標では国際的に高いレベルにあるとしても、あまりにも効率と利益（鉄道事業者にとっての）が優先され余裕がない。そもそも「混雑」そのものがサービスレベルの低さに直結する。在来線に比べて相対的にサービスレベルが高いと思われる新幹線でも、コンコースの「待合室」にすら空席がない。

近年は分煙が徹底された点だけは（非喫煙者にとって）改善であるものの「座れない待合室」とは何だろうか。繁忙期だけでなく通常期にも常態化している。

さらに分煙は良いとしても、ホームの喫煙室（喫煙コーナー）は空調付きの部屋が設けられているのに対して、非喫煙者は吹きさらしのホームという状況が多くの駅でみられる。たしかに煙を遮断するためには独立した部屋を設けなければならないから物理的にはやむをえないかもしれないが、喫煙室（喫煙コーナー）の設置・管理の費用は鉄道事業者が負担しており、その源泉は利用者の運賃であるから非喫煙者もその費用を負担していることになる。これは不合理ではないだろうか。

筆者は二〇一四年八月に新大阪から鹿児島中央まで山陽・九州新幹線を利用した。前述のように待合室に座る場所もないので早目にホームに上ったが、列車が入っていても折り返しのための車内清掃・整備のためすぐには乗れず、ドアが開いたのは発車三分前だった。筆者は指定券を持っていた上に単独行動であったので暑いのをがまんする他には大きな問題はなかったが、これが自由席で幼児同伴などいう状況であったら、煩わしさに「もう鉄道の利用はうんざり、次はできるだけ車にしよう」と考える人がいてもおかしくない。

新幹線の始発駅（東京駅その他）では、座席が保証されていて先着順に並ぶ必要がないはずの指定席車の乗車口にも長い行列ができるという奇妙な光景がみられる。これはなぜだろうか。時間の余裕をみて駅に着いても発車数分前にならなければ車内に入れない。ようやくドアが開いて乗車しても、利用者がまだ通路を行き来している状態で列車が動き出すこともある。指定席車でも行列ができるのは、こうした車内での錯綜を避けて早く座席に落ち着きたいためにできるだけ先に乗りたい心理が働くためであろう。

日本の鉄道の車両の使いまわし（運用）は実に巧妙に計画されている。またこれを実現する大きな要因として、短時間で折り返し列車の清掃・整備を完了する鉄道整備業者（JR東日本では「JR東日本テクノハートTESSEI」）の活動が評価されているが、あまりにも余裕がなさすぎる。「外国人が驚嘆している」と称賛する記事[注22]もあったが、傍らで見ていて息詰まるほどの効率化は決して優れたサービスとは言えない。少しでも変動が生じればそれを吸収する余裕がなく、次々と時間的な乱れが繰り越されるリスクも存在する。

しかも前述のセキュリティと関連して考えれば、このように分単位で成り立っている運行システムに「手荷物検査」などを導入したら、現在の運行は全く成り立たなくなるであろう。

注

1 「鉄道友の会」ブルーリボン賞・ローレル賞。
http://www.jrc.gr.jp/award/bl/index.htm

2 「社会資本の維持管理及び更新に関する行政評価・監視―鉄道施設の保全対策等を中心として―〈結果に基づく勧告〉」。
http://www.soumu.go.jp/menu_news/s-news/99758.html

3 二〇一一年五月の特急列車脱線・火災事故から、二〇一一年九月の社長失踪事件、二〇一五年四月の青函トンネル内での特急列車発煙など、利用者の安全にかかわる重大事故や不祥事が続発した。

4 朝日新聞デジタル版「ＪＲ北、現場報告突き返す　本社も検査データ改ざん把握」二〇一五年一一月二〇日。
http://www.asahi.com/articles/ASHDJ6GVCHDJIIPE02W.html?iref=com_alist_6_01

5 下記の各種資料による。
総務省統計局「長期統計系列（運輸）」。
http://www.stat.go.jp/data/chouki/12.htm
国土交通省総合政策局「鉄道輸送統計調査」。
http://www.mlit.go.jp/k-toukei/syousaikensaku.html
国土交通省総合政策局「鉄道統計年報」。
http://www.mlit.go.jp/tetudo/tetudo_tk6_000032.html

6 上岡直見『乗客の書いた交通論』北斗出版、一九九四年、一一二頁。

7 竹中由秀「継続した実務能力向上への取り組み」『ＪＲガゼット』二〇〇五年三月号、四一頁。

8 梅原淳「トラブル多発の真相」『東洋経済』二〇一五年一一月二八日号、四四頁。

9 『毎日新聞』二〇一六年三月一六日、その他各社報道。

10 朝日新聞デジタル「新幹線ホーム、全国初の無人化へ　ＪＲ九州の新玉名駅」。
http://digital.asahi.com/articles/ASH833SV3H83TIPE00G.html?rm=355

11 朝八時出発として、二〇一六年三月二六日現在のダイヤによる。

12　一九七二年一一月六日に北陸トンネル（福井県）を通過中の急行『きたぐに』の食堂車から出火・延焼し、諸々の悪条件が重なって死者三〇名、負傷者七一四人の被害をもたらした。
13　「アーカイブ大震災 運転士「そっちは危険」」『河北新報（Ｗｅｂ版）』二〇一六年三月一七日。
http://this.kiji.is/83066902736455163
14　http://it.nikkei.co.jp/business/news/index.aspx?n=MMIT0z000016102007
15　井上俊孝「ＩＣカードと公共交通機関～この1年の動きからみて～」交通権学会研究大会、二〇一五年七月。
16　「改札無人化新たな障壁」『しんぶん赤旗』記事、二〇一五年九月五日。
17　二〇一五年の例では、日本民営鉄道協会ホームページ。
http://www.mintetsu.or.jp/association/news/2015/9971.html
18　「鉄道係員に対する暴力行為の件数・発生状況について」。
http://www.mintetsu.or.jp/association/news/News-k27-2.pdf
19　二〇一三年四月一六日『中日新聞』その他各社報道。
20　公共交通オープンデータ協議会。
http://www.odpt.org/
21　村松賢吾・長田哲平・稲垣具志・小早川悟「旅客鉄道車両を活用した鉄道駅内に存在する商業施設向け物資の輸送方法の改善に関する研究―CO_2排出量の視点から―」第五一回土木計画学研究発表会・講演集、二〇一五年六月、ＣＤ―ＲＯＭ
22　ＮＥＷＳポストセブン「新幹線清掃スタッフ ＣＮＮや欧米高官から「奇跡の七分」の称賛」二〇一二年一二月。
http://www.news-postseven.com/archives/20121216_159888.html

第4章　「マナー」にご注意!

沢山の目が光ってる

「マナー」とは誰も反対できない普遍的な規範のように思われる。しかしそれはしばしば強者に都合のよいこと、弱者の行動を規制するための手段にもなりうる。写真10はある県の「鉄道防犯連絡協議会連合会」と称する団体の名義で、同県内のＪＲ各駅に掲示されていた鉄道の利用マナーを呼びかけるポスター（二〇一一年一一月撮影・地域や人物の特定につながる情報は消去）である。三大都市圏以外では通勤や日常の移動手段として成人のほとんどが自動車に移り、鉄道の利用者は通学の高校生と自動車が利用できない少数の成人が中心となっているが、高校生から募集して「最優秀作品」として採用された四例が掲載されている。

その四例とは「乗車マナー　沢山の目が　光ってる」「考えて　声の音量　周囲の目」「思いやり　それでマナーは　変えられる」「携帯で　見えなくなってる　周りの目」という文であるが、四例のうち三例が「周囲に監視されているからマナーに気をつけよう」という発想である。モラルやマナーはそもそも個人の自主性に基づくものという認識がなく、他者による強制や周囲の「空気」「相互監視」がマナーだと考えられているようだ。特に「沢山の目が　光ってる」ではあたかも独裁国家（すでにそうなのかもしれないが）であり「明るい鉄道環境づくり」とはおよそ無縁である。この勘ちがいは投稿した生徒ではなく選んだ大人の意識にある。

一方で「監視されているからマナーに気をつける」という発想は「監視されていなければ何をしても

いい」という発想と表裏一体である。匿名性を前提としたインターネット上でのいじめ・差別・暴言にも通じる。さらには「マナー」を大義名分として他者に支配力を行使しようとすることによるトラブルの背景となっている面もある。交通体系の観点から考えても、鉄道を利用するとこのような息苦しい思いをするのであれば、特に地方都市では一八歳以上になって免許を取得すると同時に鉄道はただちに選択肢から消えてしまうだろう。

写真10　「沢山の目が光ってる」

鉄道事業者の側も「どうせ高校生か自動車が使えない住民が利用するだけ」という認識があり、持続的に利用者を獲得しようという姿勢に欠けることが露呈している。また大都市圏でも「沢山の目が　光ってる」ほど高圧的ではないが、やはり「監視されているか」というコンセプトの呼びかけに遭遇する。一例を挙げると相模鉄道では二〇一三年五月から「マナミー」という架空のキャラクター[注1]を導入し、「みんなに迷惑をかけていないかどうか、マナミーは注意深く観察しています」としている。

　また駅のLED表示盤に鉄道の利用とは関係ない表示が現れる。最近では「危険ドラッグ　一度で人生を壊す　警視庁」の例があった。本来の用途が広告用のディスプレイならば公共広告や防犯メッセージを流すことも許容されるであろうが、その表示盤はトラブルなど緊急情報を表示する場所である。それを流用して警察の広報が流されているが、あと一歩踏み外せば「パーマネントはやめませう」「不要不急の旅行はやめませう」という文字が流れる日が来るのではないだろうか。情報提供システムとしても、このように安易な流用を続けていると「オオカミ少年効果」が生じて信頼性が低下し、災害時など真に必要な際に機能しなくなる可能性がある。

「迷惑」とは何か

まだバリアフリーの概念が普及していなかったころ、スペシャル・トランスポート・サービス（STS）について議論する機会があった。STSとは障害者のためにワゴン車などを使って自宅から目的地まで送迎サービスを行う方式である。その中で車いすの利用者から「物理的な移動ができるだけではなく、コミュニケーションも重要である。そのために車いすでも一般の公共交通に乗りたい」との指摘があった。公共交通は誰がどのような目的で乗っても自由であり、現実社会の一断面が生きたまま移動しているシステムである。車いすの人もそこに参加できるという意味でのコミュニケーションであり、自発的な意志による移動の実現でもある。

STSはドア・ツー・ドアの移動ができ、公共交通より物理的な労力は軽減されるが、場合によっては「乗せてもらう」という心理的負担を生ずる場合もある。STS自体は必要に応じて利用できるように整備すべきであるが、車いすの人が公共交通を利用しなくても済むようにするためにSTSがあるの

表6　障害者の鉄道・バス利用に関する経緯

時期	経緯
1970年	仙台市で「身体障害者生活圏拡大運動」始まる
1972年	京都市で「誰でも乗れる地下鉄をつくる運動」始まる
1973年	大阪で「誰でも乗れる地下鉄をつくる運動」 小田急線で車いす利用者の単独乗車を認めさせる運動が起きる 仙台市で「車いす市民会議」
1975年	東京「障害者の足を奪い返す会」
1976年	川崎で路線バスの車いす「乗車拒否」相次ぐ
1977年	川崎駅前で車いす使用者が座り込みの実力行使
1978年	旧運輸省が車いすに乗ったままバスに乗車することを認める通達
1982年	新宿身障者明るいまちづくりの会「障害者の交通機関利用状況及び利用者の要望調査報告書」
1983年	旧運輸省「公共交通ターミナルにおける身体障害者用施設整備ガイドライン」策定
1986年	横浜市営地下鉄岸根公園駅等に車いす対応エスカレーター設置
1994年	旧運輸省「公共交通ターミナルにおける高齢者・障害者のためのガイドライン」
1955年	東京都「福祉のまちづくり条例」
2000年	「交通バリアフリー法」制定
2006年	「バリアフリー新法」制定

ではない。交通の「豊かさ」も、単に物理的な移動手段が提供されるだけではなく、すべての人々が社会の標準的な交通に充分参加できるかどうかにかかっている。

今でこそ鉄道事業者は「思いやり」を呼びかけているが、一九九〇年代までは鉄道事業者自体が障害者の鉄道利用にきわめて消極的で、煩雑な手続きを求めたり介助者の同行を条件とするなど、実質的にはできるだけ来ないでほしいと言わんばかりの姿勢を示していた。現在では車いす使用者が単独（介助者なし）で鉄道を利用することは、少なくとも大都市周辺や新幹線では以前よりは容易になっているが、ここまで来る道のりは容易ではなかった。

日本では宗教的規範が乏しい代わりに「他人に迷惑をかけるな」という規範が強調されるが、これは慎重に考えなければならない。

障害者の公共交通の利用を長らく阻んできた背景は、まさにこの「他の利用者に迷惑をかけるな」という暗黙の圧力にあるからだ。現在では「迷惑」と公言する者はみかけないが、インターネット上の匿名の投稿では今もそのような発言が横行している。迷惑をかけないという規範のみを強調すれば「長いものには巻かれろ」「自己の意見を表明するのは迷惑」という発想に容易につながる。

表6は障害者の鉄道・バス利用に関する経緯である。[注2] 一九七〇年代までは障害者の公共交通の利用に対する配慮は皆無に等しく、障害者の権利運動としてさまざまな活動が始まった時期である。こうした活動の結果、一九八〇〜九〇年代には、個別的対策ではあるが国・自治体による施策が次第に行われるようになる。さらに二〇〇〇年代になり「バリアフリー」の考え方が社会的にも浸透を始め「交通バリアフリー法」「バリアフリー新法」が制定され、障害者の公共交通の利用に対する法的な裏付けが整えられた。

この間、鉄道事業者は自主的には動かず、二〇〇〇年に「交通バリアフリー法[注3]」が成立し、二〇〇六年には交通機関だけでなく周辺施設など一体的な視点を加えた「バリアフリー新法[注4]」の成立を経てようやく対応が動き出した。大都市圏の多くの鉄道事業者では、車いす（単独）の利用に際しては事前申し込みを必要とせず、駅に直接赴いても乗車できる駅が増えたが、大都市圏以外ではまだ事前申し込みを求めるケースや、対応が不能な駅も残っている。各駅ごとの状況については交通エコロジー・モビリティ財団の「らくらくおでかけネット[注5]」等の情報があるが、地方路線では何の情報も表示されていない駅が少なくない。車両についても「車いすスペース」を設けたと称する車両が順次投入されているものの、地方路線では長距離にわたって無人駅が続き、列車に車掌が乗務しないワンマン運転のため対応が困難、駅にも昇降設備がないなど、実際に車いすでの利用を想定しているのか疑わしい状況がみられる。

バリアフリーの考え方が社会的に周知されず、障害者の鉄道利用が考慮されていなかった時期に「ひまわり号」という活動があった。「ひまわり号」とは、障害者・ボランティアのグループに国鉄労働組合が協力して一九八二年一一月に東北本線で専用の臨時列車を走らせた企画が始まりである。当初は駅に車いす用のスロープを設けるのも自前で板を用意するなど労力を費やした。その後も各地に広がり、列車に乗車するだけでなく、まちづくりなどにも活動の対象を広げて現在に至っている。この活動では「最終的にひまわり号がいらない社会」を理想として掲げていたが、活動の発足当初と比べると、予約なしで駅に行っても車いすでそのまま乗車できるなど、まだ完全ではないものの現実の状況に一定の改善がみられたことは事実である。ただし障害は人により多種多様である。車いすでの鉄道利用が浸透してきた一方で「障害」イコール「車いす」という固定概念が形成された傾向もあり、その他の障害に対する認識や対策は依然として十分とはいえない状況がみられる。

現在でも疑問を抱く状況が残っている。車いす利用者が鉄道に乗車する場合、たびたび遭遇するように「業務連絡、お客様ご案内中！」と放送がある。安全確認のためと説明するかもしれないが、駅員と乗務員が通信する目的ならば他に多くの方法が考えられる。わざわざ放送するのは「業務連絡」といいながら一般利用者に聞かせる意図、すなわち「特別扱いしています」というアピールである。海外でも車いすによる鉄道利用はみられるが、このような大音量で放送するのは筆者が知る限りは日本だけである。これは車いすの利用者にも心理的負担を与える。

かつて鉄道事業者の側が車いすの乗車に消極的であった理由の一つは「ダイヤが乱れる」という懸念

からであった。ラッシュ時には一本の列車が数十秒でも遅れると後続列車に対する乱れが次々と波及し、プラットホームや階段に人が滞留し、さらには車内で体調を崩す人の発生など連鎖的に混乱が拡大しかねない。鉄道事業者として警戒感を抱いた経緯があると考えられる。また対応のために人員を配置しなければならないという労務上の問題を引き起こす懸念も関係者から聞いたことがある。

人手を介さずに車いすの乗降を行うために、写真11のような「ラクープ（商品名）」という電動式スロープが開発されたが、全く活用されなかった。列車によってドアの位置が異なったり、スロープは作れるが車体とホームのすき間がカバーできない等の制約があった。結局、駅員が携行する「渡り板」が最も確実・迅速であることが経験を通じて浸透した。実際に運用してみると、ダイヤに対する影響の面では駆け込み乗車や一般的な混雑など他の要因に紛れてわからない程度の変動にとどまっている。やはり「人間」が最も頼りになるのである。交通エコロジー・モビリティ財団は利用者から寄せられた公共交通機関に対する利用上の不便情報（苦情）を集積している[注6]が、ホーム等に駅員がいないという指摘が多く寄せられている。

最近、鉄道事業者ではホームへの転落など利用者が緊急事態を発見した場合には非常ボタンの使用を呼びかけている。しかし鉄道事業者がホーム要員を配置することが本来の措置ではないのか。ホーム要員は職務上の監視義務があるが、利用者の通報はあくまで偶然に期待するだけであってレベルが異なる。二〇一六年四月四日には、東京メトロ半蔵門線・九段下駅において、ベビーカーをドアに挟んだまま列車が発車し、ホーム及び車内の非常ボタンが押されたにもかかわらず乗務員（車掌）が停止措置を取らずそのまま運行を続けたことが判明した。幸いベビーカーに子どもは乗っていなかったが、ベビーカー

写真11　電動スロープ

はホーム終端の柵に衝突して破損した。また閑散時（一五時ころ）であったのでホーム側で巻き込まれた利用者もいなかったが、混雑時であれば重大な被害が生じた可能性が高い。非常ボタンを押しても無視されるのでは使用を呼びかけても実効性が乏しいであろう。

さらに同事故の後にも、首都圏新都市鉄道（通称・つくばエクスプレス）でドアに物が挟まったまま走行する事故が連続して発生している。

なお一般の利用者の中には、鉄道車両のドアは物が挟まるとエレベータのドアのように自動的に開くと誤解している人がいるように思われる。エレベータのドアのセンサーはそれ自体にスイッチが組み込まれており支障物にぶつかると自動的にドア再開の信号を出すが、報道等で鉄道車両の「センサー」と呼ばれる機構は、ドアが一定範囲に収まっているかどうかを検出するだけでドアの再開は車掌の操作に委ねられている。この問題については最近になり鉄道事業者も「エレベータのドアのようには開きません」と案内するようになったが、より具体的に周知が必要と思われる。

迷惑行為アンケート

日本民営鉄道協会では、表7のように毎年「駅と電車内の迷惑行為ランキング」を調査している。[注7]ただし同協会ホームページでのインターネットアンケートであるため、統計的に利用者全体の代表値を示しているかどうかは確実でない。またアンケートの結果は「迷惑と感じる行為」のランキングであるので実際の出現頻度とは直接関連しない可能性もある。予め用意された設問をクリックするだけなので必ずしもその内容がわからない。たとえば「喫煙」という表示だけであるが、過去のアンケートではその内容が「指定場所以外での」と条件つきの場合もあり集計としては必ずしも連続性はない。

筆者は平日のほぼ毎日、首都圏の鉄道四路線を乗り継いで通勤しているが、禁煙・分煙の普及前を通じても車内での喫煙を見かけたことはなく、現在もトップ一〇に挙がっている理由は不明である。路線や地域により喫煙が頻繁に観察されるケースがあるか、または喫煙所付近での副流煙の可能性もある。ヘッドホンの音もれについては、最近はヘッドホン自体が改良されてきたものの依然として上位に挙がっている。ベビーカーは「混雑時」との条件つきであるが、第1章に示したように首都圏の鉄道では「混雑していない」時間帯はほとんどないので、その基準は明確でない。

結果で注目されるのは、「車内での化粧」「混雑時のベビーカーの乗車」は男性よりも女性のほうが迷

表7　迷惑行為ランキング

回答者	男性	女性
1	騒々しい会話・はしゃぎまわり等	騒々しい会話・はしゃぎまわり等
2	座席の座り方	座席の座り方
3	乗降時のマナー	混雑した車内へのベビーカーを伴った乗車
4	携帯電話・スマートフォンの着信音や通話	乗降時のマナー
5	ヘッドホンからの音もれ	荷物の持ち方・置き方
6	荷物の持ち方・置き方	酔っ払って乗車する
7	ゴミ・空き缶等の放置	ヘッドホンからの音もれ
8	混雑した車内へのベビーカーを伴った乗車	車内での化粧
9	車内での化粧	ゴミ・空き缶等の放置
10	電車の床に座る	混雑した車内での飲み食い
11	喫煙	携帯電話・スマートフォンの着信音や通話
12	酔っ払って乗車する	喫煙
13	混雑した車内での飲み食い	電車の床に座る
14	混雑した車内で新聞や雑誌・書籍を読む	混雑した車内で新聞や雑誌・書籍を読む
15	電子機器類（携帯ゲーム機・パソコン等）の操作音	その他

惑（と感じる）ランキングが上という点である。過年度の結果でも同じ傾向を示している。ただし項目をインターネット上でクリックするだけなので、回答者の属性（性別・年齢・職業など）に信頼性があるかどうかは疑問である。いずれにしてもこれらの回答には、その行為自体が実際に有害であるかどうかではなく「自分はマナーに気をつけているのに、それを守らない者がいることがけしからん」という意識が強く感じられる。しかし車内での化粧が迷惑行為として挙げられている一方で、車内の吊り広告やディスプレイ画面では女性向けファッションや化粧品の広

告がきわめて多い。

迷惑行為を心理学的に分析したコメントもある。渋谷昌三氏（心理学者）は、人間が自然に有している「なわばり意識」が原因であると解説している。[注8] 人間は音によって自分のなわばりを主張する場合があり、車の窓を開けて大音量の音楽を車外に聞かせるなどもその一つであるという。しかし屋外では他人のなわばりをある程度避けることができるが、身動きの取れない電車の中での音は無理やり聞かされる、すなわち強制的に相手のなわばりに入れられる状態を招くので、これが車両内では特に不快感を増大する要因であるという。

なおこの「無理やり聞かされる」という点では、過去には鉄道事業者自身が自らその原因を作っていると批判されたことがある。春・秋の交通安全運動など、ある程度公共性のある内容ならぱ許容できるとしても、自社あるいは系列会社の季節イベントや帰省バスの宣伝を車内放送で流していた時期もある。これに対しては新聞投書などで利用者から不快感が表明されて、現在は自粛されているようである。ただしLED表示盤の普及のため放送による宣伝が減った背景もあると思われる。

「押し合わず順序良く」「降りる人が済んでから順序良く」という呼びかけもしばしば聞くが、無理なことを要求するなと言いたい。車両とホームの間には段差やすき間がある場合が多く、すし詰めの利用者が一斉に降りる時には、ドア口でバランスを崩さないように足場を確保して自分の姿勢を保っておかなければ危険であるが、それ自体が必然的に物理的なぶつかり合いを生じてしまう。利用者のマナーが悪いためにわれ先にと押し合っているわけではない。降りる人が途切れたと思って乗り込むとタイミングが遅れて出てくる人とぶつかることもある。利用者は不特定多数の市民であり、日頃から同じチームで訓練を重ねている消防士や自衛隊員ではない。

そもそも降りる人が済んだことをどうやって判断するのだろうか。車掌や駅員でもそれを客観的に確認する手段はないはずである。ＪＲの車掌にヒアリングした例では「編成両数が長い場合は、ドアはカンで閉める」[注9]という。しかも列車が到着して降りる人が続いている段階から、けたたましい発車サイン音を鳴らして乗車を煽っているのは鉄道の側ではないか。インターネット上では、車掌が発車を焦ってドアを閉めたために整列して待っていた利用者までが閉め出されそうになる動画も紹介されている。[注10]このような状況を経験したり目にしたりすれば、乗車を急ぐのは自然な心理である。「大きな荷物は他の利用者の迷惑になるから、網棚に上げよ」という呼びかけもあるが、これも限度がある。キャリーバッグは無理だし、すし詰めの揺れる車内で大きな荷物を網棚に上げ下ろしするのは至難の技である。時には座っている人に荷物がぶつかり、かえってトラブルの原因になっている場面を見たこともある。

マナーは日本の伝統か

最近、戦前の文化・社会を称賛し戦前回帰を望む議論がしばしば紹介されるが、鉄道の利用マナーに関するかぎりは現代よりもはるかにレベルが低かったことが記録されている。戦前の一九三七（昭和一二）年前後の『汽車時間表』（現在の「時刻表」）には付録として「守る公徳　たのしい旅路」というマナー向上を呼びかけるパンフレットが折り込まれていた。このパンフレットで対象としているマナーとはどちらかといえば都市内の交通よりも中・長距離の移動を対象としていると思われるが、興味深い記述もみられるので紹介したい。

当時の状況として「出札・改札でわれ先にと割り込む」「大量の荷物を座席や通路に置く」「一人で複数の座席を占領して寝たふりをする」「大量のごみを車内に放置する」「窓から物を車外に投げ捨てる」「団体客の飲酒、高声放談」「洗面所を一人で長時間占領する」などの事例が挙げられており、現代よりはるかにマナーが悪かった様子がうかがわれる。興味深いのは「常《つね》に大國民《だいこくみん》としての自覺《じかく》と誇《ほこ》りとを持《も》つて、お互《たがひ》にかやうなことのないやうに努《つと》めませう（振り仮名は原文のまま・以下同じ）」と注意を促している文章である。

この「大國民」という表現には裏がある。やはり同じパンフレットには「こんなことは世界中何處《せかいぢうどこ》にもありません」「外人《ぐわいじん》の一觀光客《くわんくわうきやく》が汽車《きしや》の乘降時《じようかうじ》のあの混雜《こんざつ》を見て、『汽車《きしや》も世界《せかい》一だが、あの混雜《こんざつ》も世界《せかい》一だ』と皮肉ったそうです」などの記載がある。ここでいう混雑とは、前後の文脈から解釈すると単に混み合っているという意味ではなく「混乱」「マナーが悪い」の意味で使われている。いわゆる「外国コンプレックス」が前提にあることに加えて、やはり「見られているから気をつけろ」という圧力を使ってマナーを呼びかけている状況は、まさに現代にも戦前が持ち越されていることがうかがえる。さらに次のような記述が興味を惹く。

「老幼《らうえう》、婦女《ふぢよ》をいたはり助《たす》けるといふことは、日本古來《につぽんこらい》の良俗《りやうぞく》です。これに席《せき》を讓《ゆづ》り乘降《のりおり》を先《さ》きにさせ、面倒《めんだう》を見《み》てやるのは、紳士《しんし》のなすべき當然《たうぜん》のことでせう。徳《とく》は孤《こ》ならず、必《かなら》ず隣《とな》りありです。この一つの情景《じやうけい》が、車内全部《しやないぜんぶ》の空氣《くうき》を如何《いか》に明朗《めいらう》にし、愉快《ゆくわい》なものにするか誰方《どなた》もよく御經驗《ごけいけん》なさること、存《ぞん》じます」

とある。冊子の内容はお説教ではあるが、戦前であってもていねいな言葉づかいが用いられている点が興味深い。また同冊子の別の箇所では

「さりながら、助《たす》けられ親切《しんせつ》にされる老幼《らうえう》婦女《ふじよ》の方々《かたがた》は、それが當然《たうぜん》の受《う》くべき權利《けんり》だと考《かんが》へてはなりません。その好意《かうい》に対しては深甚《しんじん》の感謝《かんしや》の意《い》を表《へう》したいものであります。よく頑固《ぐわんこ》そうな老婦人《らうふじん》などが、若《わか》い者《もの》などを押退《おしの》けて乗車《じようしや》し、席《せき》がないと誰《だれ》か譲《ゆづ》らぬかといはんばかりの態度《たいど》をする、中《なか》には、いきなり狭《せま》い座席《ざせき》に割込《わりこ》んで、相手《あひて》を嫌《いや》がらせることがあります。如何《いか》にも譲《ゆづ》つて貰《もら》ふことが當然《たうぜん》と考《かんが》えてゐるやうで見苦《みぐる》しい限《かぎ》りであります」

とも記載している。旧仮名づかいでなければ現代のできごとかと思うほどであり、「権利」という単語が登場するのも戦前としては意外にも思える。物見遊山の旅行も暗黙の前提としている背景が感じられ、戦時色はまだ表面に出ていない。しかしこの直後に盧溝橋事件が起こり、さらに数年後には対英米開戦（一九四一年）に至る。やがて「決戦非常措置要綱（一九四四年）」で軍務・公務以外の市民の移動が制限される時代を迎えた。次いで一九四五年には敗戦の混乱を迎え、それから一九七〇年代の高度成長の前期ころまでは、ドア口での押し合い（降りる客が済む前に乗り込もうとする）、荷物を窓から入れて席を取る、大量のごみを車内に放置するなど、年少者や女性はとうてい安心して利用できる状態ではなか

った。その一方で一九六〇年代までは、女性が鉄道その他公共交通の座席で子どもに授乳する光景が普通にみられた。一列並び（複数の窓口がある場合に、窓口ごとに並ばずに専用の待ち行列を作り空いた順に利用する）が浸透したのも一九九〇年代以降であり鉄道の歴史の中では最近のことである。

近年（国鉄の分割民営化以後）は、大都市はもとより地方の中小都市でも行列・詰め込みが常態化して「マナー、マナー」と執拗に呼びかけられるようになっている。そもそも「整列乗車」は奨励すべき美風なのだろうか。日本は「行列社会」あるいは「先着順社会」である。「行列」のもう一つの意味は「公平」であろう。人それぞれに急いでいる事情があるとしても先着順にすれば総合的に公平だという認識である。これが「行列社会」あるいは「先着順社会」の基本である。それは美風というよりも、時間はかかっても並んでいればいつかは順番が来るという前提のもとで、より大きなトラブルを避けるための習慣あるいは文化といえる。さらには一見整然とした行列も、身体的・知的障害のために「行列に参加できない人」を排除した上での秩序であることにも注意する必要がある。

事故・災害などの場合は別として、日常生活に必要な財貨やサービスを受けるのに行列が必要という事態は、先進国を名乗る以上は自慢すべきことではない。

かつて東西冷戦の時代に、ある雑誌に「われわれ自由世界の人間は、行列が存在すること自体が、何らかの権利の侵害の存在を示唆している」と豪語するコラムが掲載されていた。だとすれば日常的に行列・詰め込みが常態化している現状は、むしろ国の恥と考えるべきであり、過度の混雑を前提とした「マナー」や「お客様のご理解・ご協力」は根本的な解決策にはならないだろう。ベビーカーや優先席に関するトラブルも、過度の混雑がなければインターネット上で非難応酬に発展するほどの問題にはならないはずである。

そもそもマナーや常識とは、客観的・普遍的な基準のない曖昧なものである。戦時中は肉親の戦死公報を受け取った家族は、少なくとも表向きには「お国のために役に立って光栄です」という態度を示すことが「マナー」であった。現状の多くの「マナー」は、過度の混雑が存在するゆえに必要となる行為であって、いわば戦時美談に近いものである。戦時美談があるからといって戦争が正当化されるわけではない。「席を譲る」のはもともとは「席を替わる」という行動であり、譲った人が少しの労力で別の席を見つけられる乗車状況なら、強要しなくても協力する人が増えるはずである。しかし現実は「優先席」の本来の意義を逸脱して「健常者禁止席」であるかのような解釈も蔓延している。なお「席を譲る」のは都市内の短距離・短時間の場合であって、新幹線や有料の特急列車では、指定席・自由席を問わずその対象ではない。

さまざまなトラブル

鉄道の利用に関して、刑事事件にまで発展した多くのトラブルが報じられている。マナーを守らない利用者がいるだけでなく、他人に対して過剰な要求をすることに起因するトラブルもみられる。榎本博明氏(心理学者)は、独善的な正義感や、個人の嗜好に過ぎない基準を他者に強いて攻撃的な態度で接する人々が増えていることを指摘している。[注11] たとえばヘッドホンの音漏れによるトラブルがある。たしかに使用する側の配慮は必要だが、それを「注意」する側にも過剰な対応がみられる。筆者が実際に見かけた例では、中年の男性が隣に座っていた若者のヘッドホンのコードをいきなり引っ張って「音を下げて！」と命じた場面に遭遇した。これでは暴力沙汰に発展しかねないと緊張したが、幸い若者がおとなしく従ったのでそれ以上のトラブルはなかった。かりに相手がマナー違反であるとしても、切迫した危険もないのにいきなり実力行使に及ぶのは過剰な対応であり、かえって周囲の利用者に不安感を惹き起こすようではむしろ注意する側の行動のほうが迷惑行為にあたるのではないか。

鉄道事業者はさかんにマナー、マナーと呼びかけているが、これらのマナーと称する行動の中には、過剰な混雑さえなければそもそも必要のない項目が少なからずある。それに車窓が心休まる田園風景でもあればまだしも、ごみ箱をひっくり返したような雑然とした街並みと商業広告ばかりが続く光景では、ますます殺伐とした心理状態に陥るのは当然であろう。こうした環境の下で鉄道事業者が利用者に過度に「マナー」を強要していることが積み重なって利用者の間にストレスを蓄積させ、ある条件が揃ったタイミングで暴力事件として噴出するのではないか。利用者に説教する必要のない輸送力を提供するのが本来の鉄道事業者の責務である。

【エスカレータで傷害事件】

二〇一二年五月二一日に、東京メトロ副都心線渋谷駅のエスカレータで男性（五三歳）がサバイバルナイフで刺されて重傷を負う事件があった。[注12] 加害者の男性（三二歳）は「日頃から歩いているときに人とぶつかることが多く、被害者の男性とぶつかったときにストレスが爆発した」と話したという。加害者が護身用と称して殺傷力の高いナイフを持ち歩いていた点は常軌を逸しているが、エスカレータはトラブルが発生しやすい場所であることは事実である。写真12は東京都・都営三田線の某駅で見かけた例で、エスカレータの降り口に掲示してあった。ここでもエスカレータの利用に関して過去に何かのトラブルが発生したのであろう。「ストレスが爆発」という点では誰でも他人事とは言えないのではないか。筆者も単にホームで指定された位置に並んでいただけなのに「邪魔だ」と押しのけられたことが何回かある。相手は男性・女性いずれのケースもあった。このような場合には「常にあのような態度ならば、いずれ暴力沙汰を招くだろうな」と思わざるをえない。いずれが加害者・被害者になるかは偶然の結果にすぎないだろう。

エスカレータのもう一つのトラブルは「片側空け」である。片側空けが「マナー」であるかのように定着してしまった。筆者が記憶しているかぎりでは、まだエスカレータが珍しく大都市の百貨店くらいにしかなかった時代に、当時のいわゆる文化人が欧米での見聞として、急ぐ人のために片側を空けることが彼の地でのマナーであるかのように紹介したことが発端であるように思う。しかし鉄道事業者はエスカレータの片側空け・片側歩きは危険性が伴うので自粛を呼びかけている。またエスカレータのメーカーも片側に偏った荷重での使用は好ましくないと表明している。加えて車輪付きのキャリーバッグの普及も危険性の要因になってい

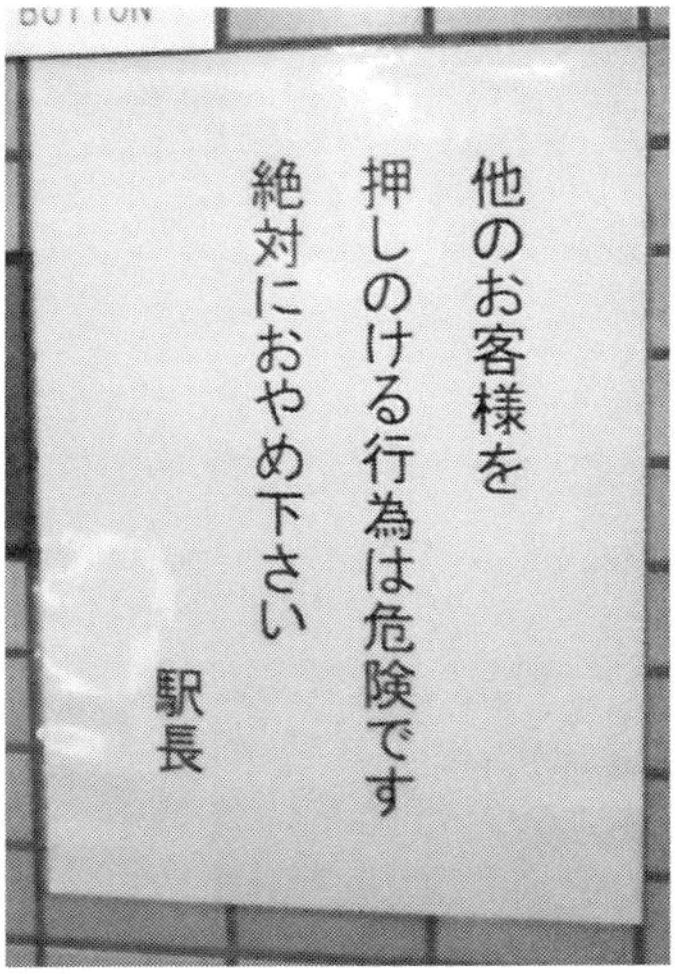

写真12　「押しのけないで」

る。こうした背景から全国の鉄道事業者では、国土交通省・消費者庁の後援で「みんなで手すりにつかまろう」というキャンペーンを実施した。[注13]またJR東日本の一部の駅では、駅員が故意に空いた側に立って片側歩きを阻止する強硬策まで試みた時期もあったが全く功を奏さず、片側空けの「マナー」は強固に定着したままである。このように「マナー」の中には本当に利用者の快適性を向上させる効果があるのか疑わしく、迷信や都市伝説の範疇の事例もあることにも注意が必要であろう。

【白杖歩行者（視覚障害者）を怒鳴りつける】

二〇一四年九月の新聞投書に[注14]「白杖で音を出す理由知って」というタイトルの文章が掲載された。同年八月に埼玉県のJR駅コンコースで、白杖《はくじょう》で路面を叩きながら歩く四〇代の女性に対して、年配男性が「うるさいよ！」と怒鳴りつけた場面に遭遇したとの内容である。このケースでは女性のほうが謝り、音を出さないように誘導ブロックを杖で探りながら歩きだしたという。音を出すのは周囲の人に自分の存在を知ってもらうために意図的に行う行為で、人によっては路面を叩く代わりに杖に鈴などをつけている場合もある。駅はもともと各種の騒音が大きい場所であり、「うるさい」という意味は音量としてうるさいという意味ではないであろう。それよりも「どけ！どけ！」と強要されたように受け止めたことによる心理的な抵抗感が表面化したのではないだろうか。筆者が目撃した事例では、男性の視覚障害者が白杖を振っているのに気付かず近くを通った女性のスカートに白杖が絡まり、女性が転倒しそうになって視覚障害者を睨みつけていたことがある。幸い暴言などには発展しなかった。これらも過剰な混雑がなければトラブルに発展することはないはずである。

【優先席トラブルで電車運行妨害】

二〇一五年一月七日、相模鉄道のホームで電車のドアが閉まるのをたびたび妨害したとして、男性（六一歳）が逮捕された。男性は二〇一四年四月から一一月までの間、車内マナーをめぐって他の利用者とトラブルを起こし、電車とホームの間にまたがったり車内や駅の非常ボタンを押すなど、記録されているだけで計三九回にわたり電車の運行を妨害する行為を繰り返していたという。逮捕の契機は二〇一四年一二月一九日に、優先席付近でスマートフォンを使っていた利用者の女性に対し「降りろ」と要求したところ、女性が応じなかったためドアが閉まらないようにして発車を妨げた行為であった。トラブルを起こした男性が非常識のように感じられるが、鉄道事業者がそのような対立を煽ってきた背景がある。別の鉄道事業者の車内ポスターでは「母親とその子ども（ペースメーカー装着者）が並んで座っている」という設定のイラストが用いられ、近くで携帯電話を使っている別の利用者を母親が険しい表情で睨みつけている場面として表現されていた。

携帯電話の使用を注意する（少なくとも本人の主張によれば）ために非常ボタンを使用する行為に関して、法的な解釈はどうなるだろうか。インターネット上の法律相談サイトでは弁護士が「（スマートフォンや携帯電話の使用禁止などの）規則がある以上は、違反行為があった場合に非常通報ボタンを押すこと自体は法的に問題にはならない」と解説している例もある。しかし携帯電話等の使用禁止は単なる「お願い」であって、各鉄道事業者の「運送約款」等で禁止が明記されいるわけではないから「規則」と解釈するのは適切でない。

あえて法的な関連を見出すとすれば、鉄道営業法（明治三三年）の第四十二条四項に「其ノ他車内ニ於ケル秩序ヲ紊ルノ所為アリタルトキ」は「鉄道係員ハ旅客及公衆ヲ車外又ハ鉄道地外ニ退去セシムル」ことができるとしているが、もともとは泥酔・狼藉・暴力などを想定した条項であり、しかもこの権限を行使できるのは鉄道係員である。また携帯電話等の禁止は、鉄道事業者が自ら管理する車両内での秩序の維持のために「施設管理権」を行使しているという解釈もありうるが、それでも一私人に過ぎない利用者が別の利用者に強制力を行使することまでは許容されないであろう。[注15] また規則であったとしても、切迫した危険もないのに規則違反を見かけたら列車を止めてもよいと解釈するのは無理があり、それでは現実的に迷惑のほうが大きい。鉄道事業者による余りにも執拗な呼びかけのために、法律の専門家でさえあたかも強制力を持つ規則であるように誤解しているのではないだろうか。

【携帯電話禁止キャンペーンはどこから？】

総務省では二〇一五年八月一七日に携帯電話（端末）の電波が心臓ペースメーカーに与える影響は非常に低いとする指針[注16]を公表した。これに対応して首都圏の鉄道各社は二〇一五年一〇月一日から車内での携帯電話の自粛を呼びかける基準を変更し、以前は「優先席付近では電源オフ」であったところを「混雑時はオフ」に緩和した。経緯を振り返ると、国内で個人向け携帯電話の普及が始まった時期には鉄道車両内での通話は制限されておらず、初期の機種には今でいう「マナーモード」も備わっていなかった。私事にわたるが筆者は携帯電話を長らく所有していなかったが、車内での他人の通話が迷惑という感覚はなかった。駅や列車内はもともと騒音の大きい場所であるし会話も制限されていないのだから、電話の通話がそれに加わったからといって特段に不快感が増すとは感じられなかった。ところが「マナー、マナー」と呼びかけられるようになってからかえって気にするようになった記憶がある。

初期の携帯電話は通話の機能しかなく、電磁波の影響としてはペースメーカーの装着者本人が携帯電話を使用する場合が対象であった。ペースメーカーは左肩付近に埋め込まれる場合が多く、かつ多くの人は電話機を左手で持つため、携帯電話がペースメーカーの至近距離に位置するためである。他者が使用する機器による影響は当初は議論されていなかった。その後、携帯電話でも通話以外のメールやウェブ閲覧の利用法が拡大し、携帯端末機器も普及するようになって機器と電磁波の関連性が変化してきた。ここからどのように変遷したのか明確でないが、鉄道事業者は電磁波の影響そのものよりも車内トラブルの発生を警戒して、あたかも「携帯電話を使用すると心臓が止まる」かのようなキャンペーンを繰り広げるに至ったと推定される。こうした経緯から、携帯電話の使用を制止することが鉄道事業者あるいは公的機関から「お墨付き」を得たかのような錯覚を抱き、自身が当事者でもないのに他者に強制力を行使しようと試みたり、切迫した危険もないのに非常ボタンを使用する者が現れたのではないか。

もし「たとえ低い確率であってもリスクが否定できない以上は避けるべきである」という考えかたならば、電磁波による脳への影響が指摘されている[注17]にもかかわらず不問に付されていることに対して説明がつかない。ことに携帯電子機器の機能が通話からメールやウェブ閲覧に変化しているため、混雑した車内では本人よりも周囲の他人の頭部に近づく場合が多い。さらに自動改札機の通過時にICカードとデータ通信を行う際の電磁波や、電車自体から発生する電磁波の問題も指摘されているが[注18]、これについては鉄道事業者が取り上げたことはない。これらの問題は、利用者の安全のためというよりも鉄道事業者の都合によると考えられる。

【ホームで化粧を注意され暴行】

女性同士の事件もある。二〇〇五年四月二七日に東京メトロ広尾駅で、ホームのベンチで化粧していた女性（二二歳）に対して、別の女性（六五歳）が注意したことから争いに発展し、前者の女性が後者の女性の肩を揺さぶったところ、侵入してきた電車の先頭車両に接触し重傷を負わせた。実力行使に及んだ末に重傷を負わせた結果は重大ではあるが、ホームのベンチでの化粧を「注意」したとする被害者側の行動にも疑問がある。鉄道事業者が化粧の自粛を呼びかけているとしても対象は車内であってホームのベンチは対象となっていないし、他の利用者に危険を及ぼしたり列車の運行に支障を来たす可能性も乏しい。もし「公共の場での化粧は見苦しい」という理由であれば個人の価値観の範囲であるにもかかわらず、強いて止めさせるのは常軌を逸しているのではないか。

余談であるが筆者が目撃した例では、女性同士（双方とも三〇～四〇歳前後）がつかみ合いの喧嘩、もしくは片方が相手を実力で拘束しようとするのを振り払っていると思われる場面を目撃したことがある。言い合いを聞いた限りでは、いずれかの服のボタンが引っ掛かって取れたことが発端のようであった。このようなトラブルも過度の混雑さえなければ発生する可能性は低いだろう。

【女性専用車に関する議論】

大都市圏の多くの路線で、車両の位置や適用時間帯はさまざまであるが「女性専用車」が設けられているが、これに反対する活動団体も存在する。[注19] 同団体では、女性専用車には法的強制力がないこと（単なる「お願い」）をアピールするため意図的に男性が女性専用車に乗車する活動を行っている。同団体によると、鉄道事業者は迷惑行為（いわゆる痴漢など）の防止策として女性専用車を設けていると案内しているが、防止の実効性がみられないにもかかわらず政治的・商業的意図から女性専用車が設けられているという。

政治的とは特定の政党が実績作りのために利用しているとの指摘、また商業的とは化粧品など女性向け商品の宣伝に利用している点を挙げている。また女性専用車が設けられているためにその前後の車両での混雑がひどくなったり、女性専用車を避けて移動するなど男性に労力を強いる（状況によっては乗り遅れる）等の理由も挙げている。要するに弱者に対する配慮という理由を掲げながら、別の不公平を産み出しているとの批判である。インターネット上には女性専用車での男性と女性の言い争いの動画が多数掲載されている。

多くの女性は男性より体格が小さいことから、混雑した車内で男性に囲まれると迷惑行為の有無にかかわらず威圧感・不安感を抱く場合もある。また迷惑行為（いわゆる痴漢など）では、混雑に乗じて実行するケースと、それ以外のケースがあるとされているが、少なくとも前者については混雑がなければ問題が起きる確率は格段に下がるはずである。ダイヤが乱れると女性専用車の取り扱いを中止する鉄道事業者・路線も少なくない事実から推定すれば、事業者の側でも女性専用車はあくまで運行に支障がない範囲での二次的なサービスと位置づけていると考えられる。いずれにしても、混雑の現状を前提として利用者同士の対立を煽るような施策は筋ちがいと言えよう。

女性専用車への男性障害者の乗車の可否は関東と関西で相違がある。ことに関西では障害の種類によって可否が異なったり、障害者と介助者のいずれか一方が女性であることを求めるケースなど、不統一が多い。ことに視覚障害者にとっては大きな負担になっているという。[注20]障害者は健常者よりも移動に労力を要するから、たまたま女性専用車の位置に居合わせても移動の労力を強いずにそのまま乗車してもかまわないという理解が必要ではないか。そもそも障害者の鉄道利用は迷惑行為とは関連がないのに、いつの間にか論点が取り違えられている面もある。

鉄道事業者は女性専用車に関して利用者に対しては「ご理解・ご協力」を呼びかけながら、車内にはいわゆる男性向け雑誌の広告を掲出して収入を得ている。その内容や表現は自主基準[注21]に則って掲出されているとされるが、多くは男性が女性を性的関心の対象として扱う内容である。こうした面からも女性専用車の必要性や運用方法は改めて議論の対象とすべきであろう。そもそもこのような対立が生じるのは、利用者が尊重されているとはとうてい感じられない過度の混雑の下で、さらに「専用」という別枠が強要されることに対する反感であろう。

【飲食禁止の基準は?】

一般に大都市圏の鉄道車内での飲食は迷惑行為とみなされている。しかし新幹線やJRの特急にはテーブルやボトルホルダーがあるし、車内販売も回ってくるのだから旅行中の飲食はむしろ歓迎されている。では何をもって飲食の可否の基準とするのだろうか。一般に想定される理由として、乗車が長距離・長時間にわたる場合には、その間に飲食することは通常人の行動として不自然ではないからであろう。

しかしこれもあいまいである。ＪＲ東日本の事例では、首都圏でも四時間前後・二三〇キロも走る列車でありながら、グリーン車を除くと編成中の大部分がロングシート（窓を背にしたベンチ型シート）の車両が使用されている例がある。鉄道事業者側の都合でベンチ型シートが使用されているのに、ここでの飲食はマナー違反になるのだろうか。

「東海道新幹線利用時の楽しみ」についてウェブアンケートを実施した例がある。[注22] その一〜一〇位を列挙すると「ボンヤリと景色を楽しむ／普段読めない本をじっくり読む／お気に入りの駅弁を堪能／睡眠時間を取り戻す／じっくりと音楽鑑賞／お気に入りのビールで乾杯／各種のゲームで遊ぶ／ブログやツイッターを楽しむ／ネットサーフィンで最新情報をチェック／お気に入りのスイーツを堪能」であった。これらは東海道新幹線には限定されずどの鉄道全般に共通するが、自動車の運転ではほぼ不可能（あえて実行すれば重大な危険をもたらす）である。逆にこれらの楽しみを活用することは、自動車から鉄道への転換を促し、交通事故の防止に役立つはずである。

さっさとつめておしまい！

一般に弱者に対する配慮として設けられているはずの「優先〇〇」「専用〇〇」に対して反感を表明する意見もみられる。特にインターネット上の匿名の投稿にはよくみられるが、それは弱者に対する思いやりに欠けるからだろうか。むしろ逆の理由も考えられる。「整列乗車」「先着順」を執拗に求められ、不便・不快をがまんして協力している自覚があるのに、いざ乗り込んでみると「優先」「専用」などという別枠が設けられていたり、改めて「譲り合い」を強要されることにより、協力が逆手に取られた印象を抱くためではないだろうか。

地域の条件も考える必要がある。「ホームに並んで列車を待て」という呼びかけは、かりに認めるとしても関東以南の平野部までだろう。北国や山間部の駅でも「整列乗車」のポスターを一律に掲出しているのをしばしば見かけるが、現場感覚がない大都市のオフィスにいる者の発想が感じられる。このような地域で冬期に吹きさらしのホームに並んで列車を待つのは、たとえ健康な若者であったとしても現実的ではなかろう。昔の東北や北海道の駅では、利用者に寒い思いをさせないため列車の到着直前まで改札口を開けない駅もあった。

昔は小さな駅でも多くが有人駅であったため、列車の遅延が発生しやすい積雪期などには運行状況に応じて利用者を案内することができたからである。並ばなくても座れるだけの座席を提供することが本質的なサービスであり、利用者のマナーの問題に転嫁するのは本末転倒である。当事者でもないのに他人に「マナー」を強要する者が現れる理由は、その行為自体が有害であるかどうかではなく、自分はマナーに協力している（例えば本当は携帯電話を使いたいが、がまんしている）のに、協力しない者がいることが許せないという意識が作用していると思われる。

ＪＲ西日本のマナー呼びかけのポスターの中に、座席を詰めて使用するようにという趣旨で、アニメの登場人物が「さっさとつめておしまい」と叫ぶイラストがあった。筆者がこのポスターを見かけたのは同社・芸備線（広島県）であるが、この地域では朝の通勤・通学時でもわずか一両だけのワンマン列車

写真13　詰めて座れという呼びかけ

が運行され、国鉄時代（民営化前）と比べると着席可能な座席数が約六分の一（第5章図19参照）に減らされている。座席を減らしておいて「さっさとつめておしまい」では、いかにマナーの呼びかけにしても利用者に対して節度を欠くのではないか。「アニメの登場人物を使用すれば若者に注目されるだろう」という安易な発想も見苦しい。

写真13は同じくJR西日本の「マナー」呼びかけのポスターである。この写真の状態では隣の利用者と肩が密着し肘も動かせず、膝の上に乗せた荷物は隣の人に当たっている。鉄道事業者によってはこの例のようなロングシート（窓を背にしたベンチ型のシート）ではシートの模様や凹みで一人分の着席の目安を示している例もあるが、この写真ではそれも無視した詰め込みである。意図的なのかやせ形の人物ばかり並んでいるが、体の大きな人が入れば直ちに破綻する状態である。さらに筆者がこのポスターを撮影したのは同社・福塩線（広島県）という状況も指摘する必要がある。同線では

車掌が乗務しないワンマン運転（ラッシュ時を除く）を導入しており、車両の最前部に料金箱・両替機などワンマン対応機器を置くためシートを撤去して機器のスペースとしている部分がある。ＪＲ西日本でも混雑率の高い京阪神圏ならばともかく、地域の実情を考えずに大都市圏と同じポスターを漫然と掲示する姿勢にも疑問を感じる。この問題はＪＲ西日本に限らず、後述するように全国のＪＲ各社に共通する。

ＪＲ西日本は大阪駅に巨大な複合施設を作る余裕がありながら、本来の鉄道利用者に対して「着席」という基本的なサービスも提供しないで、マナーと称して詰め込みを強いるのは、経営の姿勢が利用者本位ではないことを示している。

こうした事例から想起するのは、戦時中も同じように「マナー」が強要された事実である。一九四三年一〇月から、厳しさを増した戦況を反映して、鉄道省（当時）は戦時輸送の強化により貨物列車を優先するために旅客列車を大幅に削減した。このため長距離列車では約三時間間隔で利用者が立席・着席を交替する乗車方法を指定するとともに、通常は二人で座るボックス席（現在とほぼ同じ）に三人掛けを奨励する呼びかけを始めた。[注23]現在の過剰なマナー呼びかけは「戦前回帰」の流れと同調しているように思われる。ともかく全ての鉄道（その他の公共交通）では一年中「マナー向上キャンペーン」を繰り広げている。

利用者は二〇一一年三月の東日本大震災直後の節電ダイヤ（列車本数の削減や運転見合わせ）にも黙々と協力し、混乱の回避に協力した。鉄道好きの筆者でさえも「利用者がこれだけ不便・不快をがまんして協力しているのに、まだ要求するのか」と怒りを感じるほどである。

図12　関東運輸局管内の人身障害事故の発生数

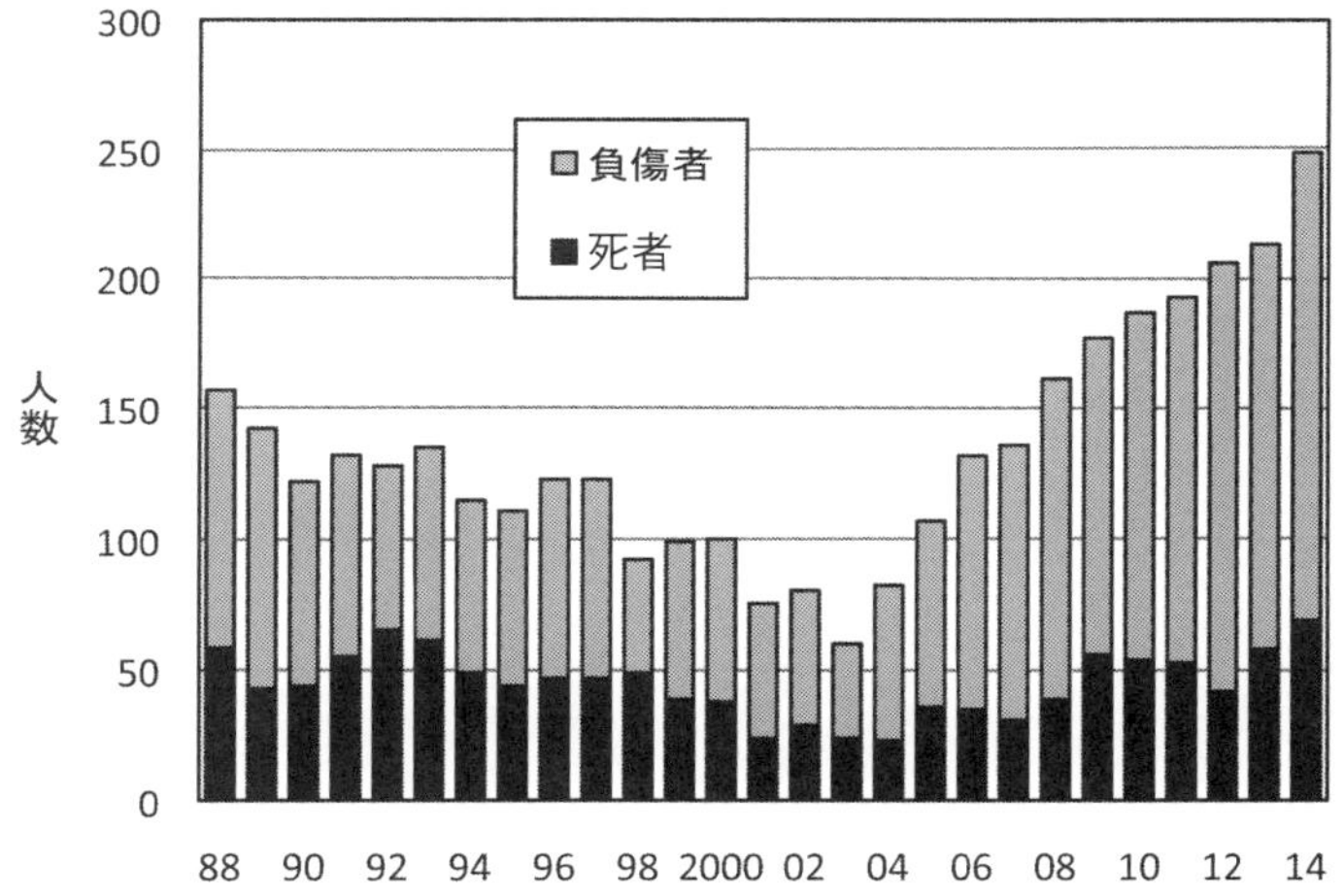

鉄道自殺に関して

図12は国土交通省関東運輸局の人身傷害事故の発生数（死者・負傷者）の推移である。[注24] この人身障害とは、鉄道側の責任による衝突・脱線や踏切事故を除いた集計であり、しばしば駅や車内の放送で「人身事故」「人が線路に立ち入り」「お客様転落」などと表現される事故のうち実際に人の死傷を生じた分である。事故が発生した時点では経緯が確定できないこともあるので案内では「自殺」という表現を避けているが、調査によればその多くは自殺とみられる。[注25] 図で特徴的な傾向は、二〇〇〇年前後まで総件数が減少傾向であったにもかかわらず同年前後から急に増加に転じていることである。その原因については今のところ明確な分析はされていない。

立ち入りや転落は必ずしも故意でない場合もあ

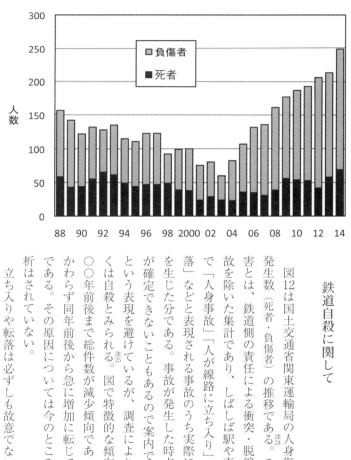

るが、鉄道事業者にとって自殺はみずからの責任ではないのに多大な損失を被る不本意なトラブルと受け止められることは確かである。時間的・経済的損失にとどまらず、事故の対処にあたる職員や、とりわけ当該列車の運転士の心理的な負担も重大である。中には努力して訓練や試験を経て就いた運転士の仕事を続けられなくなる人もいるという。自殺そのものに対しては鉄道側から明確な防止対策は提示しにくい。前述の監視カメラを利用した検知・追跡システムで察知できる可能性もあるが、ホームに駅員が配置されていない状況では即座に制止することは難しいであろう。青色の照明が心理的に鎮静効果を示すという経験則が知られており、統計的に効果が実証されたとの報告もある。[注26] しかし自殺の背景はさまざまであり、照明による効果は一つの結果論ではあるが具体的なメカニズムはまだ確認されていないという。

事故の性格から、当事者の近親者や周辺の人々の感情が公の場で示される機会は少ないが、自殺防止に取り組む団体から資料が提供されている。[注27] 自殺を遂行した当事者の近親者もまた鉄道の利用者であることが多い。その当事者によると、駅の放送でしばしば流される「人身事故のためダイヤが乱れております。大変申しわけございません」という言葉は、自殺を遂行した人を悪者として間接的に咎めているように感じられて苦痛であるという。一方で、鉄道事業者の責任でない事故に対して鉄道側が謝るのはおかしいと指摘する意見もマスコミやインターネット上で多くみられる。近年はホームドアの設置が進められているが、過誤による転落の防止には有効であっても意図的な乗り越えを防ぐことは難しい。また駅以外での線路全体にわたって防壁などを設ける対策は、新幹線では実施されているが多くの在来線では現実的でなく、各鉄道事業者とも苦慮している。

注

1 http://www.manamy.net/archives/56
2 シンポジウム「誰もが気軽に外出できるまちに〜新宿でもコミュニティバスを！〜」森すぐる氏資料、二〇一五年一二月六日。
3 正式名称「高齢者、身体障害者等の公共交通機関を利用した移動の円滑化の促進に関する法律」（平成十二年五月十七日法律第六十八号）。
4 正式名称「高齢者、障害者等の移動等の円滑化の促進に関する法律」（平成十八年六月二十一日法律第九十一号）。
5 http://www.ecomo-rakuraku.jp/rakuraku/index/
6 交通エコロジー・モビリティ財団「高齢者・障害者等の公共交通機関不便さデータベース」。
http://www.ecomo.or.jp/barier_free/fubensa/
7 http://www.mintetsu.or.jp/activity/enquete/index.html
8 なぜ電車の中では過剰にイライラしてしまうのか？【満員電車の心理学】。
http://nikkan-spa.jp/650235
9 もりすぐる『鉄道ファンのための法学概論』一九八八年、三三頁、執筆は一九八六年。
10 https://www.youtube.com/watch?v=jVjuiqh6NPM
11 榎本博明『「過剰反応」社会の悪夢』角川新書、二〇一五年。
12 二〇一二年五月二一日、ＮＨＫその他各社報道。
13 消費者庁ウェブサイト「エスカレーターでの事故に御注意ください！」。
http://www.caa.go.jp/safety/index21.html
14 https://www.facebook.com/smile.sumairu/posts/709410052463120
15 「マナーを注意した」と称して、程度はいずれにせよ身体力を行使したことによるトラブルがよく報告されている。
16 総務省「各種電波利用機器の電波が植込み型医療機器等へ及ぼす影響を防止するための指針」二〇一五年八月。
http://www.soumu.go.jp/main_content/000374719.pdf

17 植田武智『〈シリーズ〉安全な暮らしを創る［11］あぶない電磁波から身を守る本』コモンズ、二〇〇三年、同『〈シリーズ〉安全な暮らしを創る［15］しのびよる電磁波汚染』コモンズ、二〇〇七年、矢部武『携帯電磁波の人体影響』集英社、二〇一〇年など。

18 植田武智『〈シリーズ〉安全な暮らしを創る［15］しのびよる電磁波汚染』コモンズ、二〇〇七年、四六頁。

19 「女性専用車両に反対する会」http://www.eonet.ne.jp/~senyou-mondai/

20 「女性専用車両、関東と関西でまったく違う―出張の時に間違えたことありませんか」『東洋経済オンライン』二〇一六年三月一二日。http://toyokeizai.net/articles//108803

21 公益社団法人・日本鉄道広告協会「掲出基準」。http://www.j-jafra.jp/standard/02.html

22 「ＧＯＯランキング」東海道新幹線利用時の秘かな楽しみランキング。http://ranking.goo.ne.jp/ranking/category/011/tokaido_shinkansen_01/

23 総務省大臣官房「一般戦災ホームページ」。http://www.soumu.go.jp/main_sosiki/daijinkanbou/sensai/situation/chronology/state_list03.html

24 国土交通省関東運輸局鉄道部「関東運輸局管内における鉄軌道事故の発生状況（平成二六年度）」二〇一五年八月。

25 永岡修・日比野直彦・森地茂・家田仁・富井規雄「都市鉄道の大規模なダイヤ乱れからの復旧に関する研究」第五一回土木計画学研究発表会・講演集、二〇一五年六月、ＣＤ―ＲＯＭ。

26 東京大学記者発表資料「青色灯設置により、列車への飛び込み自殺が減少」二〇一三年一〇月。http://www.u-tokyo.ac.jp/public/public01_241009_01_j.html

27 （財）大阪府人権協会「鉄道自殺の波紋」二〇一二年三月、四頁。

第5章　ローカル線が日本を守る

日本の「シンガポール化」

内田樹氏は、昨今よく指摘される「右傾化」とは、海外に大規模な軍事力を展開して資源を収奪する戦前の大日本帝国がモデルではなく、むしろシンガポールではないかと指摘している。[注1] すなわち経済活動が盛ん（名目ＧＤＰが大きい）で、消費財やサービスには（経済力さえあれば）不自由せず、教育や衛生なども世界の上位に位置する。しかし統治システムも教育もメディアも、すべてが経済成長に資するか否かで統治者がその可否を判定し、経済成長に寄与しない思想や言論、個人の権利は強力に制限されている国家である。メディアで「明るい北朝鮮」と表現されたこともある。[注2] しかし日本とシンガポールの大きな違いは、豊かな自然環境やそれを背景とした第一次産業の存在である。従って日本を「シンガポール化」するには自然や農業を壊してしまう必要がある。その代表的な方策がＴＰＰや国土強靭化[注3]であるが、加えて人々の自由な交流や文化の多様性も「シンガポール化」にとっては邪魔である。そこで交通分野における規制緩和を通じて、全国に網の目のように張り巡らされた鉄道ネットワーク（後述・図17参照）を壊す動きが特に一九八〇年以降から強まってきた。

安倍政権（第二次）は「地方創生」を重要施策と位置づけ、東京一極集中を是正し、地方の人口減少に歯止めをかけ、日本全体の活力を上げることなどを目標として掲げた。[注4] その一方で国土交通省は二〇一四年に「国土のグランドデザイン」[注5]を発表している。これは法定計画や閣議決定等の位置づけのない検討資料にすぎないが、かつての「全国総合開発計画（全総）」に相当する国土基本計画の考え方を示したものである。全総は一九六二年に始まり一九九八年まで五次にわたって策定されてきた。[注6]よく知られる田中角栄の「日本列島改造論」[注7]は同人の私論であり全総と直接の関連はないが、同じ流れの上に位置した構想である。

二〇一四年の「グランドデザイン」の中では、二〇五〇年の国土の姿として全国を一km四方の格子状に区切ったエリア（メッシュ）[注8]ごとにみた場合、二〇一〇年（国勢調査）の時点で人が居住しているメッシュのうち二〇五〇年にはその六割の地域で人口が半減以下になり、さらにそれらの三分の一（日本全体の約二割）では無人地帯になるとの推計を前提としている。これは現在の人口動態を延長した推計であると同時に、国土政策としてそのように誘導（あるいは不作為により放置）する意図を示唆しているとみることもできる。

交通の観点からは、特に地方都市・町村部の鉄道や路線バスにとってきわめて厳しい状況が到来することが予想される。市町村レベルの地域の公共交通はもとより、在来幹線や新幹線にとっても厳しい。現在でも地域の公共交通を維持する取り組みは各地で行われているが、基盤となる地域人口が五〇％あるいはそれ以上の減少となれば営利事業としての運営は対応に限度がある。「国土のグランドデザイン」では「高密度移動社会の実現」として、複数のモード・事業者の連携によるサービス向上など、交通に関する施策を総合的かつ計画的に推進する」としている。また「リニア中央新幹線の開通により、東京・名古屋・大阪が一時間で結ばれるが、これと併せて、大阪から南西日本へ、東京から北東日本へ、さらにはメガリージョンから世界へつなげる」との記述がみられる。日本の人口全体が縮小してゆく趨勢の中での「メガリージョン」と、前述のメッシュ単位での将来人口推計と併せて解釈すると、要する

図13　全国の駅周辺における2050年の人口減少率

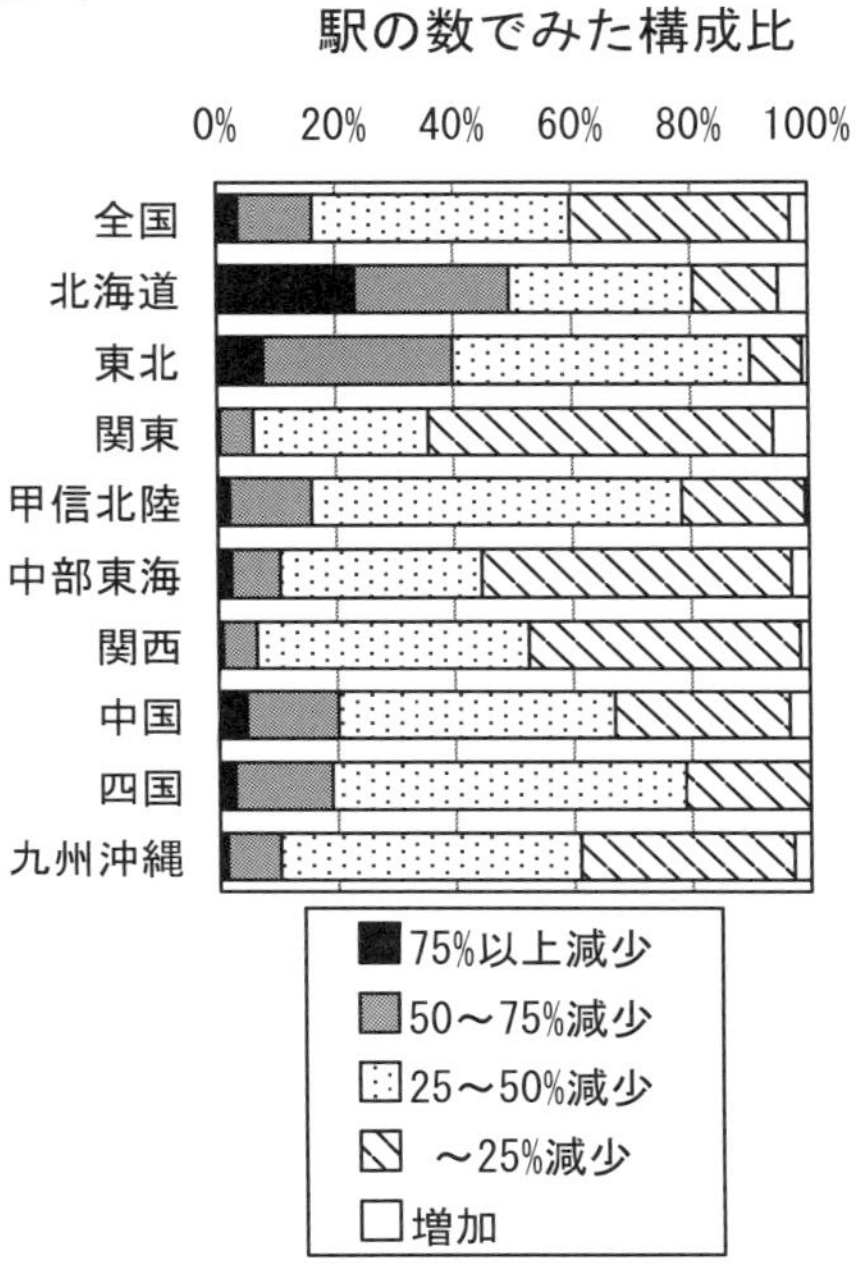

に地方は捨てて大都市集中をさらに促進する方針を示唆するものであり、地方創生とは全く矛盾する政策が乱立しているといえる。

　国内の鉄道全線の駅について、駅周辺の二〇五〇年の人口予測値が「増加」「〇～二五％減少」「二五～五〇％減少」「五〇～七五％減少」「七五％以上減少」の五段階のいずれに属するかを集計した結果が図13である。北海道・東北では、約半数の駅において二〇五〇年には駅周辺人口が五〇％あるいはそれ以上減少し、さらには駅周辺人口が消滅に近くなる駅も少なくない。地域交通を維持する取り組みは各地で行われているが、基盤となる駅周辺の人口が二五％程度の減少までは鉄道側の経営努力によって対応できる可能性があるとしても、五〇％あるいはそれ以上の減少となると営利企業としての鉄道事業では対応に限度があるのではないか。

　ローカル線の経営が厳しいことは容易に想像できるが、新幹線でも決して楽観できない。新幹線は集客圏が広く非日常交通（出張・旅行など日常の生活圏を超えた長距離の移動）が主体のため、駅周辺のメッシュのかわりに駅が存在する自治体（市町村）を検討の範囲として人口の増減を検討した。データは国立社会保障・人口問題研究所の二〇四〇年における予測値である。[注9] なお東海道新幹線の各駅に関しては、リニア新幹線が二〇二五年に名古屋開業、二〇四五年に大阪開業の予定であるが、その影響は集計に考慮していない。

リニア新幹線はその趣旨からして三大都市圏集中を加速することから、それ以外の地域に対しては逆に人口減少の影響をもたらすと考えられる。北海道新幹線が二〇一六年三月に新函館まで開業し、札幌開業は二〇三一年とされているので集計に加えている。新八雲駅と新小樽駅は新駅となるが詳細は未定なので現駅の位置を使用した。これらの前提で集計すると、新幹線の駅の所在自治体でも二〇四〇年に人口の増加が予測される駅の数は限定的であり、大部分は減少すると予測されている。七五％以上減少（自治体消滅の可能性）と予測されるケースさえある。

縮小を続ける地方鉄道

図14は津軽鉄道（青森県）の利用者数と列車本数（上下合計）の推移を示したものである。[注10] 利用者の減少を防ぐため一九八〇年代後半から列車本数の増加などサービスレベル向上の努力がなされたが、残念ながら効果はみられず利用者数は減少の一途を辿った。

また大井川鐵道（静岡県）は、蒸気機関車の保存を兼ねた観光列車の導入（一九七六年に開始）など積極

図14　津軽鉄道の利用者数と列車本数の推移

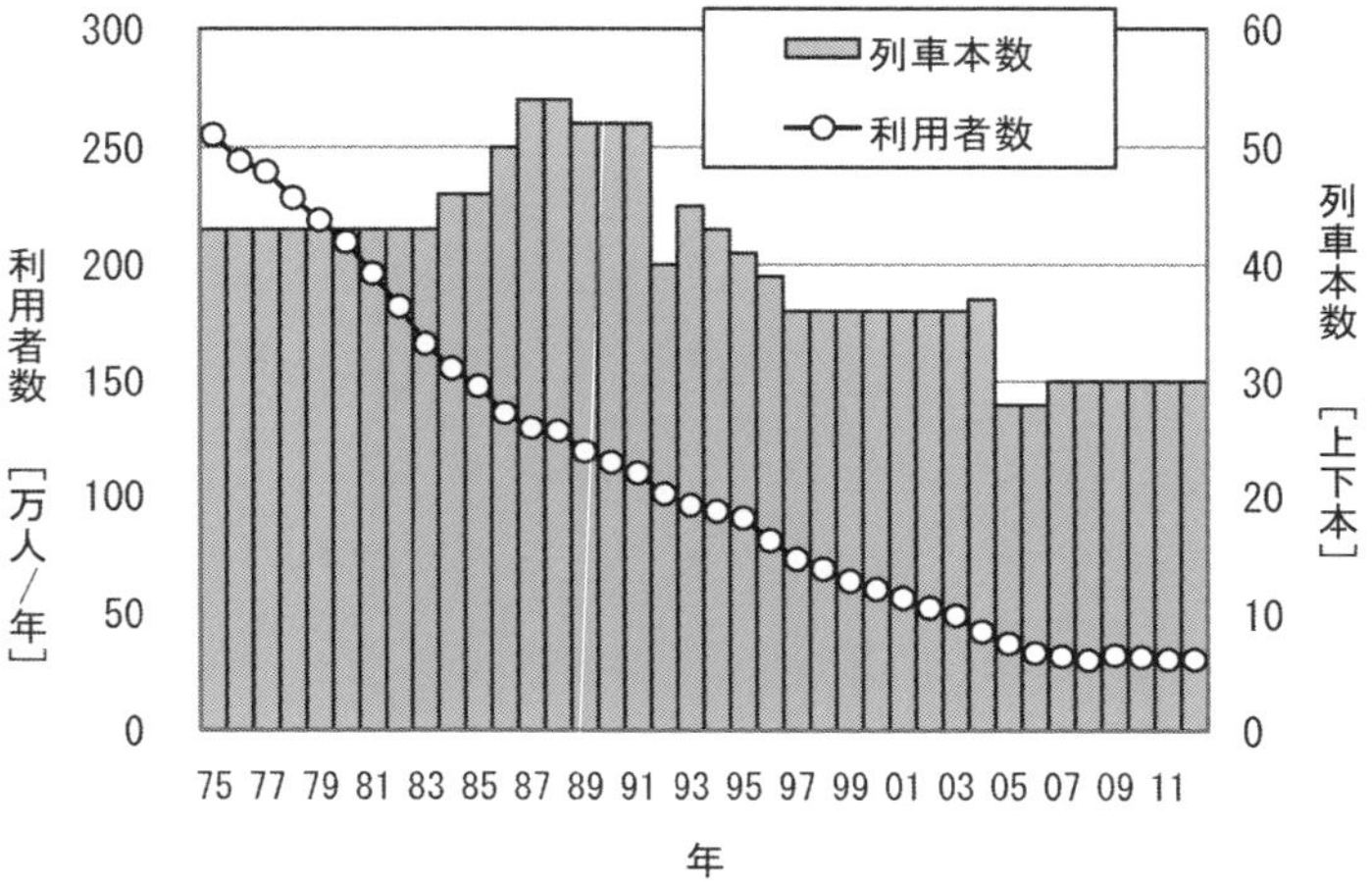

的な増客方策を実施し地方鉄道の成功モデルとされてきた。旧国鉄の民営化の前後から、鉄道の「鉄」の文字はその偏《へん》と旁《つくり》から「金を失う」と読めるとして、代わりに「鐵」の文字を採用したり、旁を「失」でなく「矢」で表記する鉄道事業者がいくつか登場した。大井川鐵道もその一つである。

しかし同社も最近に至って高速乗合バスの規制強化[注11]に伴う影響で団体客が激減するなど経営危機に陥り、二〇一四年より「地域経済活性化支援機構」[注12]の対象となった。報道によると、二〇一五年三月期は辛うじて三〇〇万円の最終黒字を計上したが、前年のダイヤ改正で普通列車の本数を四割減らして年間二三〇〇万円の費用を節減したことも一因[注13]とされている。企業存続のためとはいえ沿線住民が利用する普通列車の本数を四割削減するのでは、地域の公共交通としての機能を失う。鉄道を営利事業の範囲で捉えるかぎりは、地方の中小民鉄は「公共交通」ではなく「遊園地」としてしか活路を見いだせないのではないか。

大井川鐵道は沿線に大都市がない中小民鉄ではあるが、年間約一三〇万人を輸送する公共交通の事業者である。それが辛うじて三〇〇万円の黒字を計上するのに難渋する一方で、自動車の分野では市販価格六七〇万円の燃料電池車（トヨタ・MIRAI）一台に対して二二三万円の公費（補助金と減税の合計）公費が投入される。また水素スタンド一カ所の設置には最大で二億九〇〇〇万円（水素供給能力三〇〇Nm^3／時）の補助金が投入される。この水素三〇〇Nm^3／時とはガソリンに換算すれば一時間あたり数台の供給量に過ぎない。

すなわち地方都市や農村部の零細ガソリンスタンド一カ所に相当する程度の設備に二億九〇〇〇万円の公費が投入される。[注14] 交通政策の上では地方鉄道が燃料電池車一台分程度にしか評価されていないことを示している。鉄道事業者が評価されていないことは、利用者もまたその程度にしか評価されていないことを示す。こうした政策の結果として一九九四年からの累積で一〇〇〇キロ超の路線が廃止されている。一〇〇〇キロとは東京から山口県あたりまで達する距離であり、東海道・山陽新幹線の大部分がそっくり消えている距離に相当する。前述の「シンガポール化」が具体化しつつあるのではないか。

地方鉄道の存続問題に関して、一九九〇年代の規制緩和の進展とともに「公共交通が必要なら地域で支えよう」という考え方が広まった。一見すると新しい展望のようにも思えるが、逆に「地域で支える活動がなければ公共交通はなくてもよいのか」という面からも考える必要がある。第2章で指摘したように、公共交通は経済的・社会的な弱者のセーフティネットである。たとえば生活保護を必要とする人がいた場合、地域で支える活動がなければ公的支援が提供されなくてもよいのだろうか。生活保護の支給基準や運用には様々な問題が指摘されているが、一定の条件を満たせば必要な人に普遍的に適用される制度である。

ローカル線は「赤字」か

二〇一六年一月三〇日の各社報道によると、JR北海道は同二九日に開催された「地域公共交通検討会議」において、道内の全一四路線三〇区間について営業係数（一〇〇円の収入に対して必要な経費で、一〇〇以上ならばいわゆる「赤字」）を公開した。JR北海道の資料によると人口集積が多い札幌圏を含めて道内全路線（区間）が赤字となっている。これは近年表面化したJR北海道の安全問題と関連づけて、経営の負担となっている不採算路線の廃止を示唆するとともに、一方では「自治体が金を出さなければ廃止する」というメッセージとも受け取れる。

いずれにしてもこの問題の議論には路線別の営業収益・損失の数値が必要である。この数値は国鉄時代（一九八六年度まで）には全国の路線ごとに公開されていたが、民営化後はいずれのJR会社も公開していない。また民鉄は以前から公開していない。いずれも会社全体としての損益計算書は公開されるが路線（区間）別にはなっていない。今回のようにJR側から公開するのは異例である。一事業者で一路線しか運行していない小規模な鉄道事業者であれば会社の損益計算書から路線の営業係数の数値が推定できるが、複数の路線を運行している鉄道事業者では路線ごとのデータはわからない。

そこで国内の全鉄道事業者・全路線ごとに営業利益・損失を共通の基準で試算した結果が中嶋茂夫氏

（鉄道ジャーナリスト）により発表されている。[注15] 同資料はＪＲのほか全国の民鉄・地下鉄・路面電車まですべて網羅している。ただし筆者が検討したところ、ＪＲ北海道については、同社の報告による営業係数と中嶋氏による営業係数は一致していない。路線別の損益の算定方法に際して何の項目を計上するか（しないか）によって結果が変わるので慎重に扱うべきではあるが、本章では大筋で傾向は捉えられていると想定して中嶋氏の数値を使用する。

図15　ＪＲ東日本の路線別収益構造

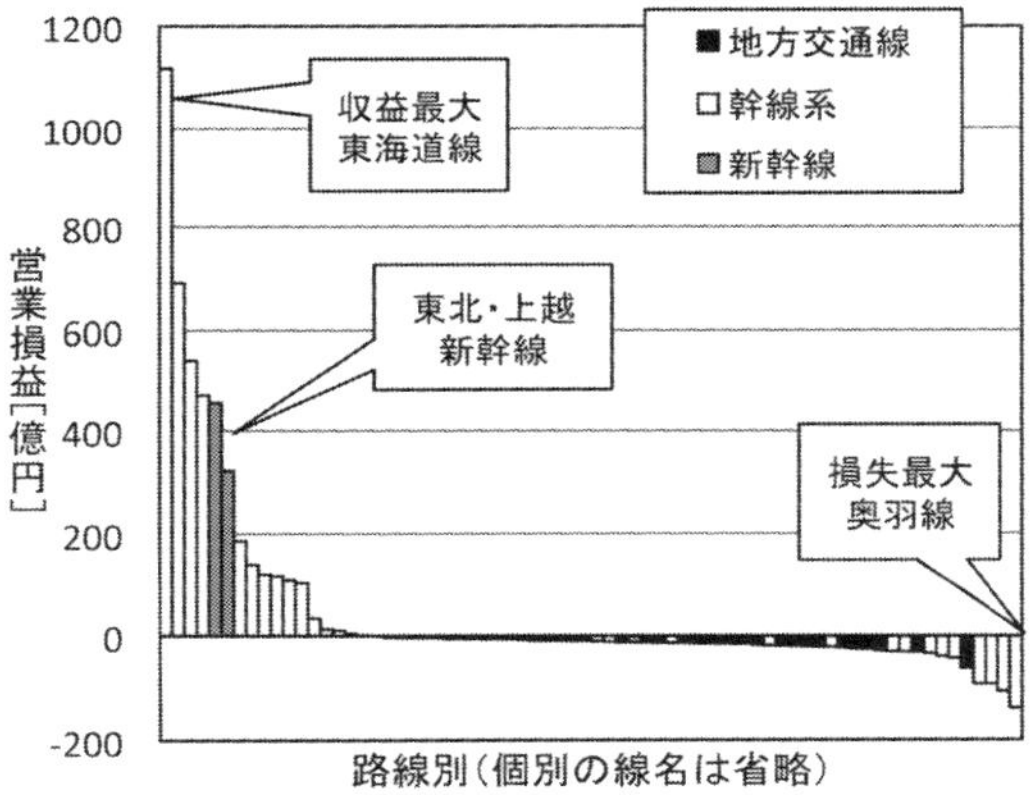

図15は前述の中嶋氏のデータより、ＪＲ東日本について路線別の収益推定値を大きい順から並べたものである。図が煩雑になるので個別の路線名は省略しているが、収益（プラス側）のベスト4を示すと、東海道線・中央線・総武線・山手線である。次いで東北・上越新幹線であるが、意外にも額はベスト4の在来線よりも少ない。また北陸新幹線（金沢開業前）では若干ながら損失が出ている。ＪＲ東日本は東北・上越・北陸に広大な新幹線ネットワークを有しているものの、東海道新幹線と比べると輸送量は格段に少ない実態が反映した結果である。また大都市圏以外の在来線（いわゆる「ローカル線」）については、営業費用が営業収益を上回るという意味におい

ては赤字であるが、図にみられるように大部分の路線ではその絶対額は小さく、むしろ損失額が大きいのは幹線の奥羽線・羽越線・信越線などである。ＪＲ西日本も同じ傾向を示し、損失額が大きいのは山陰線・湖西線・福知山線などである。かりに「黒字・赤字」のみを基準として路線の存廃を論じるのであれば、むしろ距離の長い幹線のほうが廃止の危険性が高い。

また同資料を用いて全国のＪＲ旅客会社について、次の六種類の分類ごとにまとめて集計して図16に示す。

新幹線で黒字（プラス）
新幹線で赤字（マイナス）
在来線の幹線で黒字（プラス）
在来線の幹線で赤字（マイナス）
在来線の地方交通線で黒字（プラス）
在来線の地方交通線で赤字（マイナス）

まずＪＲ東日本とＪＲ東海で特徴的な違いがみられる。ＪＲ東日本は収益の大部分を東京都市圏の在来線に依存しているのに対して、ＪＲ東海は収益の大部分を東海道新幹線に依存しており在来線の収益はわずかである。ＪＲ西日本は新幹線と在来線の収益が半々程度であるが、前二社と比べると収益の規模はかなり小さい。さらに「三島会社」といわれるＪＲ北海道・ＪＲ四国・ＪＲ九州の事業規模は本州三社に比べて桁ちがいに小さく、また黒字路線はほとんど存在しない。ただしいずれのＪＲ会社においても「赤字」の絶対額が収益全体に占める比率は大きくない。またＪＲ東日本はＪＲ六社の中で最大の収益を上げている一方で、広大な在来線ネットワークを有するため損失額も大きいことが示されている。このように同じ国内の鉄道ネットワークでありながら、極度に偏った収益構造が混在するのは国鉄の分割民営に起因している。このように不均等な条件の下で、ＪＲ各社ごと・個別の路線ごとに存廃を論じるのは合理的ではない。

図16　全国のＪＲの収益構造

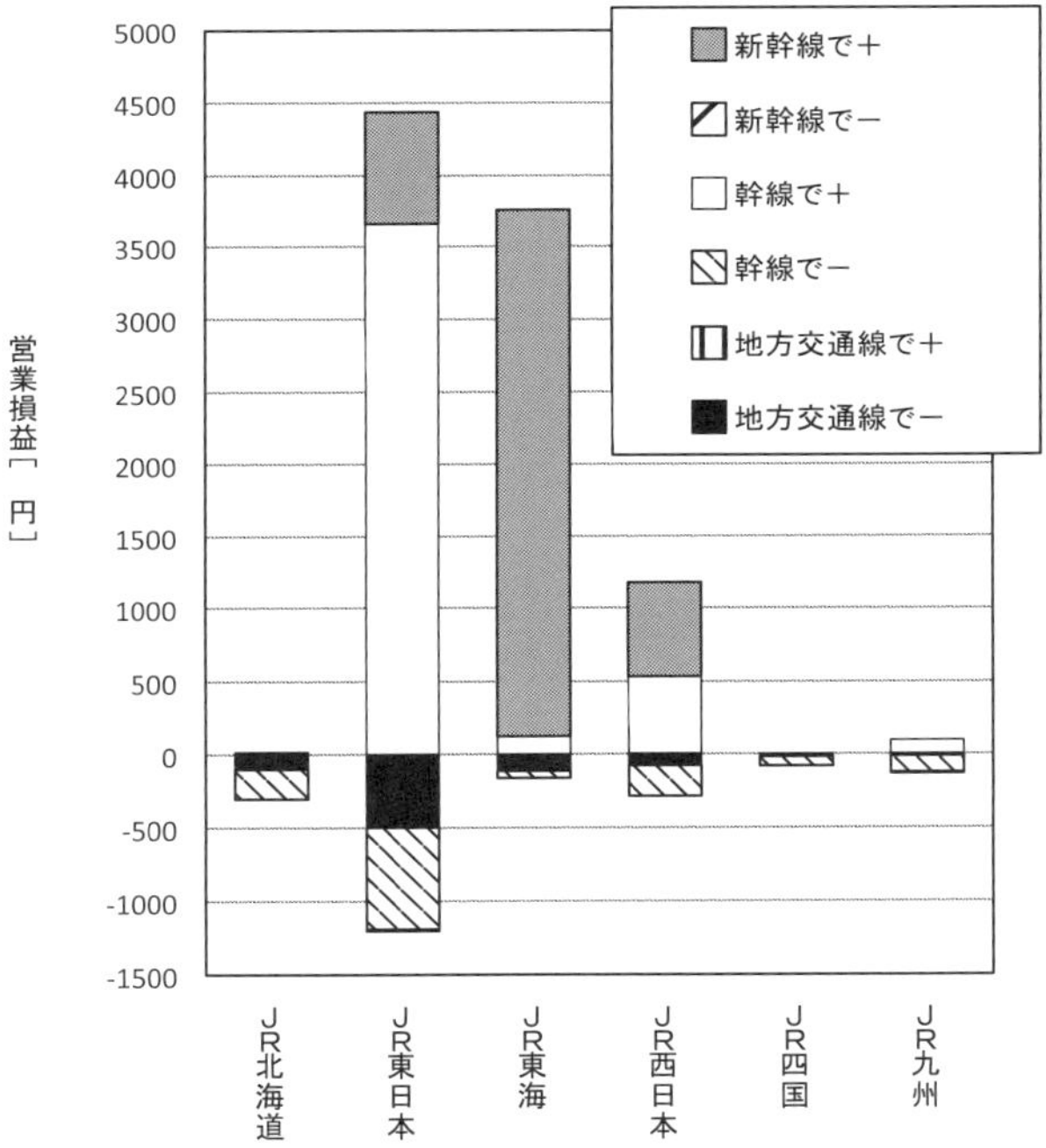

　なおＪＲ東海の東海道新幹線による大きな収益は今後期待で

きなくなる。それはリニア新幹線の建設費を調達するために、東海道新幹線の収益をリニア新幹線の建設に転用することに加えて建設費の債務を負うことになるからである。第7章でも述べるが、ＪＲ東海自身の分析に基づいたとしても、借入金の金利のわずかな上昇・建設費の膨張・利用者数の低迷などが生じれば、名古屋開業（大阪まで開業しないため航空機との競争力が乏しい）の時点で経常赤字に転落することが予想されている。

日本列島が消える

大都市圏以外の地方都市・町村部の鉄道は一般に「ローカル線」と通称され、ＪＲ各社の地方交通線は、長距離にわたる駅の無人化、列車の編成短縮・ワンマン運転など最低限のサービスに撤退しつつある。中小民鉄・第三セクター等も同様である。こうした地域はいわゆる「クルマ社会」であって、鉄道による輸送量の分担率は少なく、道路と並行して走る地方路線は時代おくれと考える人もいるかもしれない。さらに損益がマイナスとなると、鉄道を廃止したほうが効率的であるとする意見が提示される場合が少なくない。

鉄道の輸送状況を示す指標として「輸送密度」がある。ある路線について、一日あたり平均で何人の利用者が乗車（上・下方向の合計）しているかを示す数値である。大都市の路線ではその数値は数十万人／日というレベルに達するが、ローカル線については数千人／日前後がいわゆる「赤字」の分岐点になるとされている。旧国鉄に関しては、一九八〇年の「国鉄再建法[注16]」に基づく政令で、輸送密度が四〇〇

図17　戦後における全国の鉄道ネットワークの変化

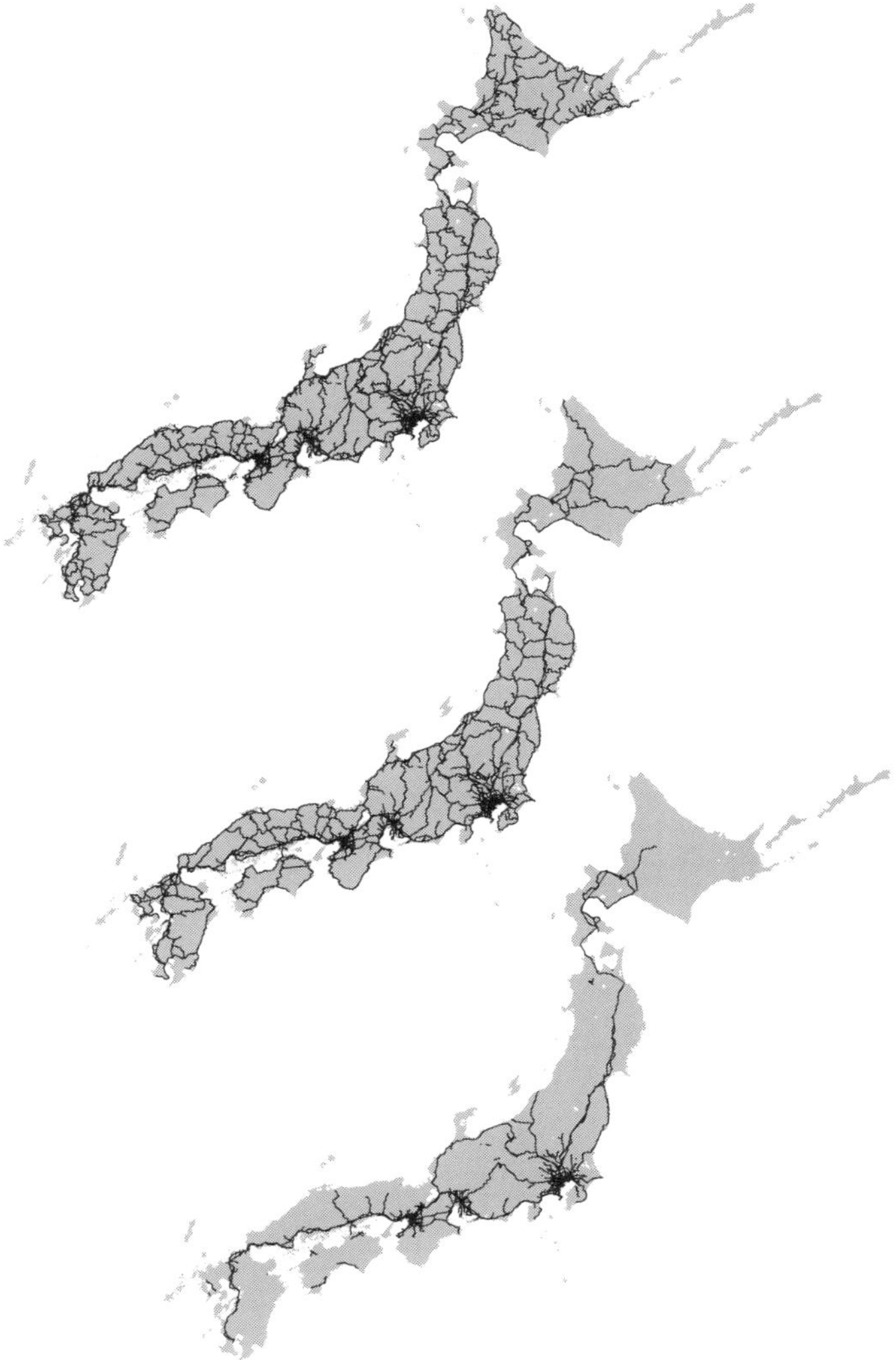

〇人／日未満の地方交通線についてバス転換あるいは第三セクター（沿線自治体や企業が出資）など他の事業形態への転換が促進された。

図17「上」は、戦後（一九五〇年）から現在までに鉄道（軌道）路線が存在した記録のある場所を示す。北海道にも濃密な鉄道（軌道）ネットワークが存在しており、全体として鉄道ネットワークが日本列島の輪郭を描いている。しかし一九六〇年代以降の自動車の普及や国鉄の分割民営の影響で、地方の中小民鉄や国鉄ローカル線の廃止が続き、現在は同図「中」の状態である。さらにこの状態から、前述の各鉄道事業者の収益構造に従って「赤字」路線を除外して表示すると、同図「下」の状態に至る。なお全国の新幹線のいくつかの路線も個別にみれば「赤字」であるが、現実に新幹線の廃止は行われないと思われるのでデータとしては残している。

鉄道の社会的価値

しかし「赤字」すなわち「社会的に存続の意義がない」と結びつけることは適切ではない。鉄道輸送と道路交通は無関係ではないからである。第1章では東京都市圏について鉄道の存在価値を推定したが、それは地方都市・町村部でも同じである。多くの地域では鉄道と道路が平行して、あるいは近接して通っているケースが多い。いずれも歴史的に旧街道沿いに発達した町を結ぶように鉄道や道路が敷設されてきたためである。

地方都市でも朝・夕には通勤・通学で人の動きのピークがあり、渋滞がしばしば発生している。鉄道の廃止によって利用者が自動車に転換すると、もともと鉄道を利用していなかったドライバーも所要時間増加の影響を受ける。地方都市でもラッシュ時には一時間あたり一〇〇〇人単位での人の動きが発生している。それを時間の経済価値に換算すれば年間では大きな金額に相当する。また第2章の図8で示したように、交通事故は自動車の走行量に比例して発生するから、鉄道が担っている輸送の分だけ交通事故が防止されているとみなせる。このように鉄道の存在によって各種の社会的損失が防がれている。交通事故の被害を経済価値に換算する方法については多くの研究があるが、兒山真也氏・岸本充生氏による整理[注17]がよく引用されている。同報告によると、輸送量一km・人あたり五・〇円に相当する。

この社会的な鉄道の存在価値に関しては机上の計算だけではなく実例がある。二〇〇一年に福井県の京福電鉄（現・えちぜん鉄道、福井駅〜勝山駅間）が連続事故を起こして全面運休となったため、それまでの利用者は自動車・バスに転換した。すると並行する道路（国道四一六号線）などで渋滞が発生し、特に冬期には雪の影響もあって混乱が続き、改めて地方都市での鉄道の有用性が認識される契機となった。この経験が京福電鉄を引き継いで第三セクターの「えちぜん鉄道」を発足させた推進力ともなった。「えちぜん鉄道」の存続に関しては「費用・便益分析」という評価方法が取り入れられている。[注18]便益としては利用者便益（バス転換に比べて所要時間や運賃が軽減される効果、交通事故が防止される効果）と環境便益（CO_2の削減、道路渋滞の緩和）が計上されている。また費用としては設備投資（運転再開のための経費など）と欠損補助（運賃収入で賄えない収支上の欠損分）が計上されている。試算の結果、二〇〇二〜二〇一一年の一〇年間の累積で、便益は約一一〇億円に対して費用は約五八億円（費用に対する便益の比率が一・八九）であり、社会的に存続の意義を有すると認められる。これから人口の減少が不可避な地方都市・町村部では、道路へのインフラ投資は以前にも増して制約を受けるであろう。既存の鉄道を存続・活用して道路交通の負荷を軽減させ、巨額のインフラ投資を伴うことなしに鉄道・道路利用者双方の効用を増大させることが可能である。

図18上は全国のJR地方交通線について、また下は中小民鉄・大都市圏以外の第三セクターの各路線について、営業損益（下側の棒グラフ）と社会的な便益（上側の棒グラフ）を推定した結果である。ただし条件が異なる全国の路線を一律に計算するため、便益の項目としては時間損失の防止と交通事故の防止のみとし、また単年度で計算している。JRの地方交通線は距離の長い路線が多いため運行経費が相対的に大きくなる傾向があり条件が不利であるが、それでも営業損失より社会的便益のほうが上回る路線も少なくない。また距離が短い路線が多い中小民鉄・第三セクターは運行経費が少ないので相対的に有利であり、ほとんどの路線において社会的便益のほうが上回っている。図が煩雑になるため個別の路線名は省略しているが、社会的便益が大きい路線としては、JR地方交通線では高山本線（岐阜県・富山県）・越後線（新潟県）・田沢湖線（岩手県・秋田県）等がある。二〇一六年四月の熊本地震で甚大な被害を被ったJR九州の豊肥本線（熊本県・大分県）も上位に属する。中小民鉄・第三セクターでは秩父鉄道（埼玉県）・いわて銀河鉄道（岩手県）・鹿島臨海鉄道（茨城県）等がある。

また別の面でローカル線の存在価値が再認識された例がある。東日本大震災に際して首都圏と福島県内陸部を結ぶ東北本線が不通となり、被災地ではガソリンや軽油など自動車用燃料の供給不足が深刻化したため、JR貨物は首都圏から新潟を経由して迂回するルート（首都圏から高崎線・上越線を経由して新潟へ、そこから磐越西線を経由して郡山へ）を利用して臨時の燃料輸送列車を運行した。磐越西線内では夕

図18　地方鉄道の損益と社会的便益

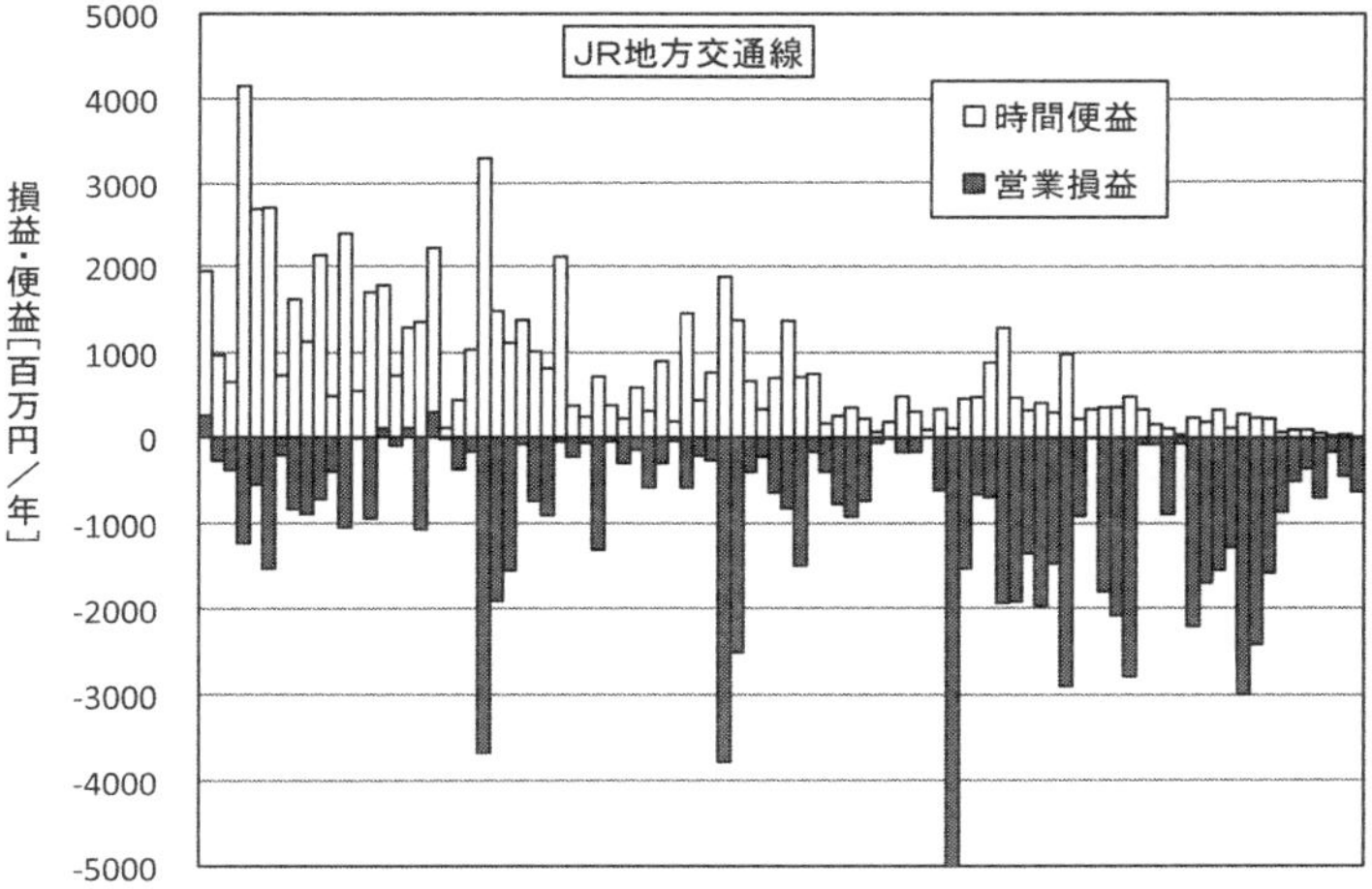

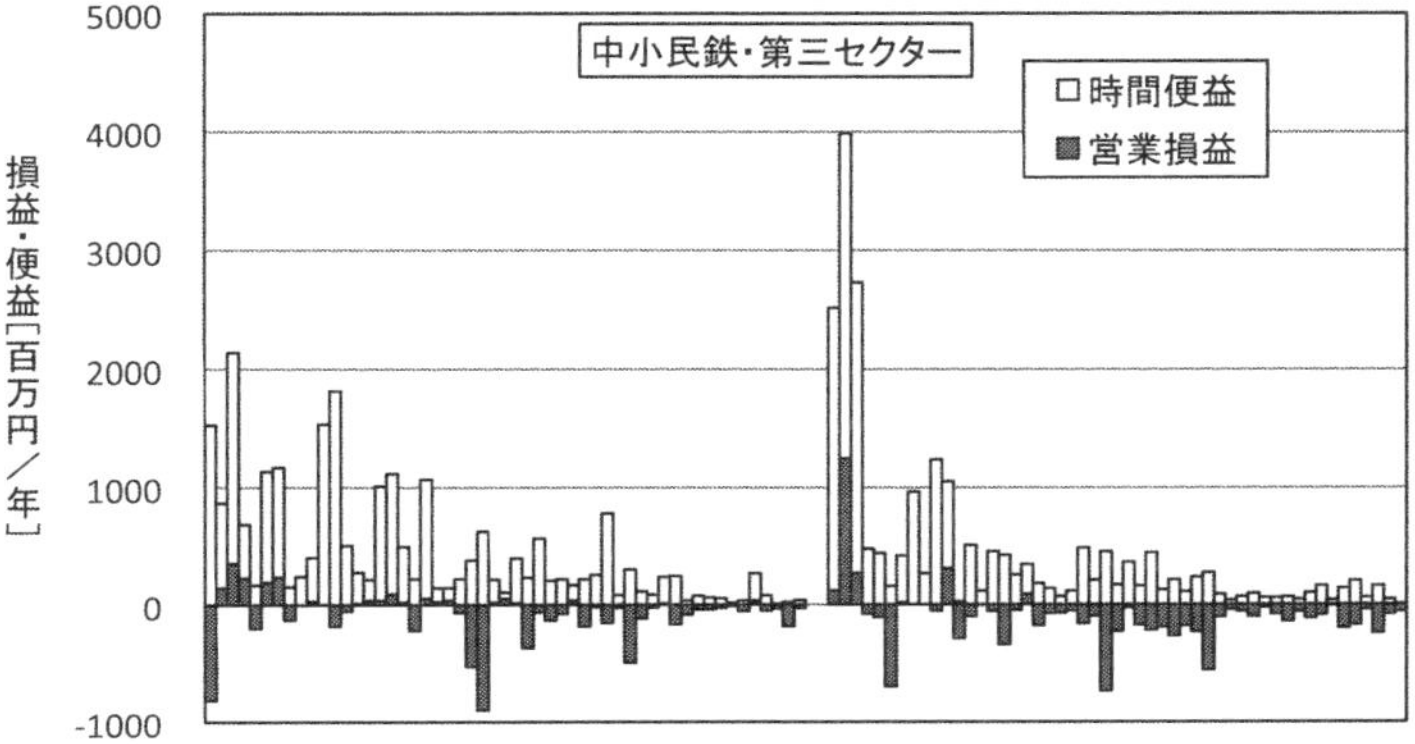

ンク貨車の一〇両編成（約六〇〇キロリットル）の列車として運行されたが、かりにその量をトラック（タンクローリー）で輸送すれば三〇～四〇両のトラックと各々のドライバーが必要となる。それを一本の列車で輸送できることはローカル線といえども災害時の代替ルートとして機能することが示された。

格差の増大

鉄道の中でも「格差」が増大している。鉄道のサービスレベル（運行頻度・スピードなど）は、大都市圏・地方都市圏・町村部などの地域的条件の差によって異なることはある程度やむをえないとしても、余りにも極端な格差があり利用者を侮っていると思わざるをえない。ＪＲ発足当初には「地域密着」のコンセプトが掲げられていた。これは旧国鉄による画一的な経営で地域のニーズに対してサービスレベルが乖離していたために競争力を失った反省に基づくとされた。国鉄分割民営化の枠組みを定めた「国鉄改革法」には、旅客輸送需要の動向に的確に対応した効率的な輸送の提供という趣旨が記載されている。本来は地域特性に応じた多様なサービスの提供が期待されていたが、現在はそれがむしろ「格差」の増大となって表面化している。たとえばＪＲ東日本についてみると、東京駅から概ね八〇～一〇〇km圏内では部分的にサービスレベルの改善がみられたのに対して、それより外側の地域では、ダイヤ改訂のたびに列車の本数削減・編成両数の削減・窓口営業時間の短縮・無人駅の増加など質的な低下が続いている。最近の一例では、同社の中央本線・鳥沢駅（山梨県）では、駅舎の建て替えを契機に無人化されるとともにトイレを設けないことが二〇一五年秋に判明し、地元の自治体から強い不満が表明された。注19

これに対してＪＲでは「総合的に判断」との見解を示すだけで誠意のある対応をせず、「地域密着」どころかまさに旧国鉄に対して指摘された「お役所」の姿勢が強まっている。

こうした「格差」は在来線にとどまらず新幹線にも生じている。世界の最先端をゆくシステムとしてＪＲ東海が建設に着手したリニア新幹線でさえ、計画段階から「格差」が問題となっている。リニア新幹線は東京（品川）・名古屋・大阪（新大阪）を最短時間で結ぶことを主要な機能として想定していることから、それ以外の中間駅の位置づけはきわめて低く、列車ダイヤの制約にもなるため実質的には邪魔者扱いである。ＪＲ東海は二〇一三年にはコスト削減のため最低限の設備とした中間駅イメージを公表した。[注20] これは「駅機能が必要ならば自治体で負担せよ」というメッセージでもあるが、事前予約・電子乗車券の利用を前提として切符売り場を設けず、駅員を配置せず、待合室もなく売店も設けない方式が提示されている。[注21] また同社は開業後のダイヤについて確定した情報は提示していない（二〇一六年二月現在）が、説明会における質問に対する回答として、一時間あたり片道最大八本が運行されるうち、中間駅に停車するのは一本と想定していることを示した。[注22]

「廃線商法」より普通列車の尊重を

鉄道の増収策の一つとして「廃線商法（廃車商法）」と揶揄される分野がある。すなわち、廃止が予定されている路線や引退が決まった車両を対象に、名残を惜しむ利用者の利用や記念品購入を期待する企画である。最近「北斗星」[注23]「カシオペア」[注24]「トワイライトエクスプレス」[注25]「ななつ星ｉｎ九州」[注26]など豪華列車が話題になる。しかしこれらの「豪華列車」が通過してゆく沿線の普通列車は、ダイヤも車両も「どうせ高校生しか乗らない」と言わんばかりの投げやりなサービスレベルで豪華列車との乖離が甚だしい。

ＪＲ東日本は二〇一六年五月に、東北・北海道を周遊するクルーズトレイン「四季島」の運行概要を発表した。三泊四日コースでは、二人一室のスイートルームで一人当たりの料金が最高で九五万円であるという。しかし「四季島」が周遊する路線の多くは無人駅が連続し、普通列車や地域の駅では最低限のサービスしか提供されない。これらの豪華列車は外国人富裕層も重要なターゲットとしていると言われるが、実態は「廃線商法」の印象をぬぐえない。また「北斗星」等に使用されていた車両は三〇年以上前に製造された車両の改造であり、二〇一五年以降に次々と運行が停止されたのは車両が劣化したらそれまでという暗黙の前提によるものであった。鉄道車両のデザインを手がける著名デザイナーによる意匠も注目を集めたが、もともとが「廃線商法」なのでヨーロッパのオリエント急行等と比べると格落ちと言わざるをえない。いずれにしても、日常の利用に際して不快な思いを抱いている大多数の鉄道利用者がこのような豪華列車を目にするときには、むしろ不信感が醸成されるのではないだろうか。

また二〇一一年三月五日よりＪＲ東日本・東北新幹線に「はやぶさ」の新型車両が運行され、通常のグリーン車より五〇〇〇円高い「グランクラス」という特別席が提供された。おおむね航空機のファーストクラスに相当するサービスレベルとされている。電動リクライニングシート、テーブル、読書灯など設備と、専任のアテンダント（客室乗務員）によるサービスが提供される。一方で写真14は、同じＪＲ東日本の只見線（福島県・会津若松駅〜新潟県・小出駅）[注27]である。只見川沿いの景勝地を走行するにもかかわらず、窓を背にしたベンチシート（ロングシート）であるために利用者はみな苦しそうに体をよじって

写真14　ベンチ型シートの状況

外を眺めている。そして沿線はほとんど無人駅で、列車はワンマン運転である。国鉄時代には、新幹線・特急と、地方交通線のサービスにここまでの格差はなかった。せめて進行方向むきのシートを設置するのにさほど多額の費用がかかるとは思われない。他の地域では特急車両から取り外した中古シートを再利用している例もあり、多額の設備投資が必要なわけでもない。

只見線のような地方交通線では、旧国鉄時代に導入された割増運賃をそのまま継承し、新幹線や東北本線など幹線よりも距離あたりの運賃が高い。たとえば新幹線で仙台〜盛岡間の特急料金を除く普通運賃部分は三二六〇円であるが、同じ距離で地方交通線は三五七〇円に相当する。設備は悪い・列車は遅い・本数は少ないという条件に対して運賃はより高く設定されている。このような格差は最終的にJRにとっても得策ではないだろう。東京「駅」と新幹線の各「駅」の間を移動するだけで目的を達する利用者はいない。ビジネスでも観光でも同じだが、あくまで新幹線を媒体として最終目的地まで鉄道を最大限に利用してもらいたいはずである。

多くの地方交通線では、単線区間での交換設備が広範囲にわたって撤去されたため、列車の増発が不可能になっていたり、ダイヤが乱れた時の回復が困難など、サービスレベルの低下につながっている。こうした場所では撤去された線路やホームの跡地は雑木・雑草が繁茂するまま放置されているケースが多い。逆にいえばこれらの場所では新たに土地等を取得する必要もなく、機器類を再設置するのみでサービスレベルの復活が可能である。

国鉄の分割案が提示されたとき、分割会社の境界で直通列車が廃止されたり運賃が別建てになるなど、利用者の不利益が生じるとの懸念が示された。このため分割・民営の直後にはそれを緩和する配慮がある程度なされていたが、時間の経過とともになし崩しにサービスの低下が続いている。それが極端な形で表面化したのは二〇一五年三月の北陸新幹線の開業とともに第三セクター化された信越本線や北陸本線である。これらの路線はＪＲに属していたが、北陸新幹線の開業に伴う在来線の経営分離により、県ごとの境界で四つの第三セクターの事業者[注28]に分割されるとともに、運賃体系や列車の運行形態も分割されてしまった。

地方路線の車内設備も劣悪である。写真15は筆者が二〇一五年六月にＪＲ西日本・山陽本線の徳山付近で乗り合わせた車両である。元はトイレがあった場所で、メンテナンス費用削減の目的と思われるがトイレを撤去して空きスペースとなっている。しかし無造作に板を打ち付けたような改造で、照明は元のトイレの室内灯が残されているのみで薄暗く、いかにも「トイレ跡」の印象を受ける。こうした雰囲気は、マナーどころか高校生の喫煙など不祥事を誘発する要因にもなりかねない。車両は旧国鉄時代の一九六三年から八三年にかけて製造され、最も新しい車両でも三〇年以上を経過して各地を転々としながら使われてきた。おそらく現在の山陽本線での使用が最終となると思われる。いずれ使い捨ての車両だから、あるいは高校生しか乗らないから、この程度でよかろうという発想なのだろうか。沿線の利用者に対して将来も鉄道を使い続けてほしいという姿勢が感じられない。この状態で「マナー」など呼びかけても説得力が乏しいのではないか。

写真15　普通列車のトイレ撤去跡

多くのローカル線は地形が険しく気象条件の厳しい地域に敷設されているから、自然災害等により被災する可能性が高いことは避けられないが、被災したまま長期間にわたり復旧されない区間や、そのまま廃線となった路線がある。ＪＲ山田線の宮古駅〜釜石駅間が二〇一一年三月から、同・只見線の会津川口駅〜只見駅間が二〇一一年七月から復旧されていない。ＪＲ東日本・岩泉線は、災害で不通のまま復旧せず二〇一四年四月に廃線となった。また

JR西日本の福塩線（広島県福山市・福山駅〜同三次市・塩町駅）、芸備線（岡山県新見市・備中神代駅〜広島県広島市・広島駅）等では自転車にも劣る二〇km／時という速度制限が実施されている。これは災害等によるものではなく線路の消耗を抑えて保守費用を節減するためとされている。こうした速度制限が介在するために、芸備線・備後落合駅〜三次駅間では旧国鉄時代（一九八三年）に対して所要時間が一四分（いずれも所要時間最短の列車において）増加している。さらに旧国鉄時代（一九八三年）は同区間において一日に八往復の普通列車に加えて四往復の急行列車が運転されていたのに対して、現在は普通列車が六往復（うち一往復は運転日限定）となり、利便性においても大きく後退している。

こうした「格差」が生じるのは、第1章で指摘したとおり鉄道事業者の経営方針に起因しており、短期的な収益を重視する一方で、持続的な鉄道の維持・発展に対する関心が低下しているためである。前述のように一人・一回の利用で数万〜数十万円の売上額が得られる「豪華列車」は、一見すると効率の良いビジネスのように思われるが、一過性の利用に過ぎない。豪華列車に「たまには乗ってみよう」という富裕層が、日常的に「座れない電車」を積極的に選択するであろうか。むしろ自動車を選択する確率が高いことは第2章の所得と自動車保有率の関係で示されているとおりである。また外国人富裕層は日本に居住していないから鉄道の利用頻度はさらに低い。それよりも一人の利用者が、日常の移動手段として鉄道を積極的に選択して、毎日のように一生使い続けてくれれば、数百万円の売上額を獲得することに相当する。こちらのほうがはるかに収益性が高い上に社会的な意義が大きい。こうした日常の利用者に対して、一回あたりの売上額が少ない、収益性が低いという短期的な指標で最低限のサービスに切り下げてゆく経営姿勢は本質を誤るものである。

サービスレベルの劣化

前述のように地方鉄道には社会的な存在価値が認められるにもかかわらず、近年はソフト・ハード両面において劣化が進んでいる。地方都市や町村部の鉄道路線では大都市より運転本数が少ないことはやむをえないが、沿線の学校・企業・公共施設などの始業・終業時間は長年にわたり大きな変化はない。このため一九八三年（国鉄分割民営前）と二〇一四年を比較しても、ほぼ同じ時間帯に同じ本数の通勤・通学列車が運行されている。昔は機関車が牽引していた客車列車が電車や気動車に置き換わって多少の時間短縮はみられるが、各駅停車なので全体として所要時間も大きく変わっていない。

一方でサービスレベルの観点からは、各々の列車で座席数が激減している。全国の普通列車の車両の種類や編成両数の記録[注29]をもとに、筆者がこれまでに訪れた経験があり現地の事情が把握できるいくつかの路線を選んで比較してみる。東北本線の岩手県盛岡市周辺と、芸備線の岡山県新見市・広島県庄原市周辺である。図19上・下は、一九八三年と二〇一四年について各々の地域で同じ時間帯の列車について座席数を比較したものである。

座席数にして半減から、甚だしいケースでは六分の一に減っている。座れない利用者は当然ながら立って乗ることになる。これだけ座席を減らしておきながら「さっさと詰めておしまい（第4章）」と利用者に求めるのは筋ちがいであろう。ことに地方路線という状況も考慮する必要がある。大都市のように数分おきに列車が来る環境なら「座りたければ並んで待てばよい」という説明も通用するが、運転本数が少ない地方路線で「立って乗ればよかろう」という姿勢では、ますます利用者が鉄道を選択する意欲は失われてしまうのではないか。

地方都市・町村部の路線では駅や車内に「座り込みをやめて下さい」という掲示をよく見る。車内・階段・ホームで、主には通学の高校生の座り込み行為を念頭に置いて注意しているのだが、一方的に高校生のマナーの問題だけではなく「座席がないから」という要因も考慮する必要があるのではないだろうか。ＪＲの発足前後には、一列車あたりの編成両数を減らす代わりに列車の運転本数を増やすなどサービス向上が試みられた時期もあったが、これも年月の経過とともに後退し「座れない」現象だけが残ってしまった地域も少なくない。

ローカル線では沿線地域の生活習慣からして、大都市のように荷物は膝の上に、すき間なく詰め合って座れと利用者に要求することは現実的でない。最近のＪＲ各社の地方路線ではダイヤ改訂のたびに列車が減っている。鉄道事業者側の「効率」のみの観点で「乗ればよかろう」といった姿勢では、積極的に鉄道を利用しようとする人は減り、利用者の自動車への逸走をさらに加速することになるだろう。このような状態で、自動放送で「優先席にご協力下さい」と繰り返されると、鉄道の積極的なユーザーである筆者でさえも利用意欲が減退してしまう。

自然現象や人為的要因により、一定の確率で列車の遅延が発生することは避けられないが、利用者にとってその影響には何段階かのレベルがある。大都市で数分おきに列車が運行されている路線ならば、所定のダイヤとは合っていなくてもおおむね等間隔で列車が発着していれば実害は少ない。また長時間の運転見合わせとなっても代替路線が利用できれば影響は緩和される。これに対して、もともと運行本

図19　座席数減少の事例

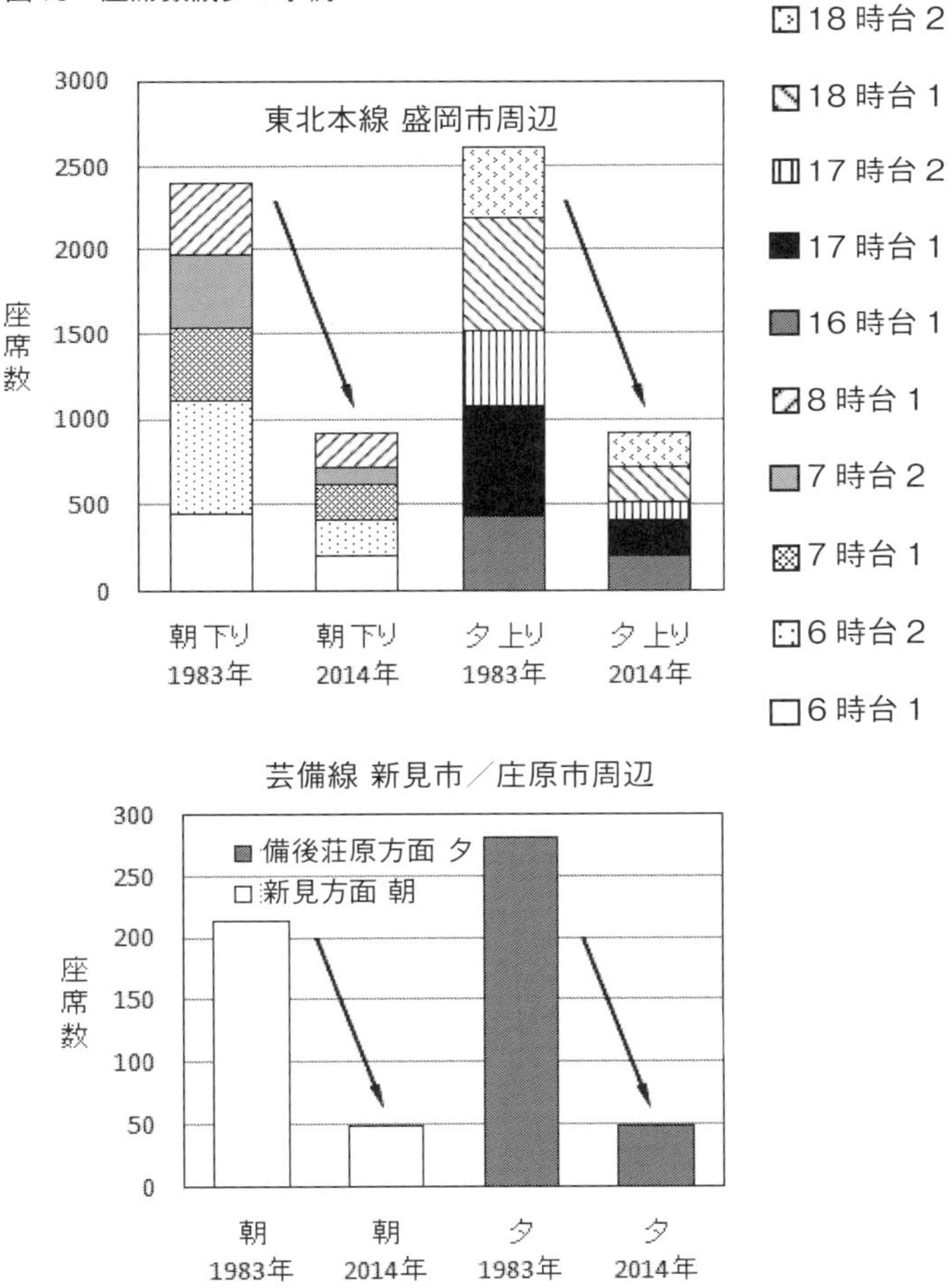

数の少ない中小都市や町村部の路線で、いつ列車が来るのかわからないような状況が発生すると実害が大きい。

二〇〇九年五月にJR東海・紀勢本線を利用した際の経験である。同線の波多須《はだす》駅（三重県熊野市・普通列車のみ停車の無人駅）で、定刻を一五分過ぎても列車が現れず何の情報もないので、最寄りの尾鷲《おわせ》駅（三重県尾鷲市）に電話で問い合わせようとした。しかし番号がわからないのでNTTの番号案内（一〇四番）にかけたところ「IP電話に集約されているのでわからない」と言われた。次にJR東海の自動音声サービスにかけてみたが「列車の運行に関するお問い合わせは〇〇番……」という音声に従って順次ボタンを押す方式であり、目的のメニューが出てくるまでに何回か失敗したあげくようやく運行案内にたどり着いた。しかし、現に列車が来ないのに「遅れの情報はない」という案内しか提供されなかった。

同時期にJR東日本の釜石線（岩手県）を利用した。上有住《かみありす》駅（岩手県住田町・普通列車のみ停車の無人駅で「滝観洞《ろうかんどう》」という鍾乳洞の最寄り駅）に降りた。しかしその直後、待合室に設置された遠隔放送スピーカーから、強風のためその後の列車が運転見合わせとの放送があり、行動の予定が立たなくなった。時折り「上り〇〇列車[注30]は釜石到着場面で〇〇分の遅れ……」というような音声が流れたが音量が小さくてわかりにくいし、一般の人に「到着場面」などの部内用語を伝えてもわからないだろう。また「問合せ先」として掲示されていた釜石駅（上有住駅から二五キロほど）にも電話したが「何ですか？　ああ、お客さんですか？」というような応対を受けた。連絡先を掲示してあっても実際に利用者から問い合わせがあるとは想定していないようであった。

待合室には筆者の他に高齢の男性二人が待っていた。過疎地で独居しており、買い置きの食料品が乏しくなってきたため隣接の遠野《とおの》市まで買い出しに行くところだという。遠野市との間にはバス便がなくタクシーを利用すると四〇〇〇～五〇〇〇円かかり、しかも道路事情が良くない等を理由として乗車拒否されることがあるという。こうした環境から、便利とは言えないダイヤではあるが鉄道を頼りにしている利用者がいる。しかし一向に運転の見通しが不明なので二人のうち一人は断念して去って行った。

また二〇一五年一〇月にＪＲ山田線（岩手県）を利用した。同線はことに運転本数が少ない上に、気象条件によってダイヤが乱れることも多いので、駅に行く前に運行状況を確認しようとした。ＪＲ東日本では『どこトレ』（パソコンやスマートフォンを対象に、列車ごとの運行状況が路線図上に表示されるサービス）というシステムを二〇一四年三月から提供し、現在（二〇一五年一二月）までに全線区（首都圏以外）で利用できるようになっている。これ自体は優れたサービスであるが、その時は理由は不明だが山田線の表示が正常ではなく列車の情報が消えていた。そこで以前に問い合わせたことがある同線のＭ駅の電話番号にかけたところ「その電話はサービスを停止しているので以後はＪＲ東日本の案内センターに問い合わせるように」という自動音声の案内（ＮＴＴ）があった。その番号は同年の春までは駅に通じており運行状況を確認した経験もある。無人化されたのかと思ったが駅員は配置されている。利用者からの問い合わせを受け付けなくなった理由は不明である。

やむをえず前述のＪＲ東海の時と同じように案内センターにかけて（これも「最初に＊《コメ》ボタンを押して下さい……〇〇にご用の方は〇〇番に……」という厄介なメニューで時間がかかる）ようやくオペレータに通じたが「その時間帯に列車は運行されていないので現時点ではご案内できません」との回答であった。しかし毎日運行されている普通列車であって時刻表にも掲載されており、『どこトレ』でもシステム上で列車の表示は消えていたものの時刻表は表示されていたから、列車そのものが存在しないはずはない。結局その時の列車は所定時刻どおり運行されており、列車は存在しないなどという案内は全く誤りであった。

筆者は地方都市を訪れて市町村役場の交通・環境担者の意見を聞く機会があるが、ＪＲの地方路線で運行の信頼性が低下している、あるいはそのような印象が増加しているように思われる。秋田県での事例だが、積雪地帯であり冬期の気象状況により交通機関の乱れが発生することはある程度やむをえないが、「他の交通機関に比べてＪＲが真っ先に止まる」と指摘された。たしかに羽越本線の強風による脱線転覆事故等を受けて、運転規制の強化が行われていることは理解できるが、トラブルをおそれて広範囲で画一的な運転規制を実施するようになったためではないかと思われる。

地域の持続性に必要な鉄道

鉄道の社会的価値として、これまで大都市圏においては道路交通では対応できない大量・高速・正確な輸送、また地方都市圏においては自動車が利用できない人々の交通手段などが挙げられてきた。また双方に共通的な特性として輸送量あたりのエネルギー消費・環境負荷・事故発生率が低いことなども評価されてきた。しかし今後は中長期的な社会情勢を考慮する必要がある。三大都市圏以外の道府県では、いずれも将来的に人口の減少に直面することが予想される。従来評価されてきた鉄道の社会的な存在価値だけでなく、別の面から評価がなされる必要がある。

図20　島根県の1㎞メッシュにおける2050年の人口減少

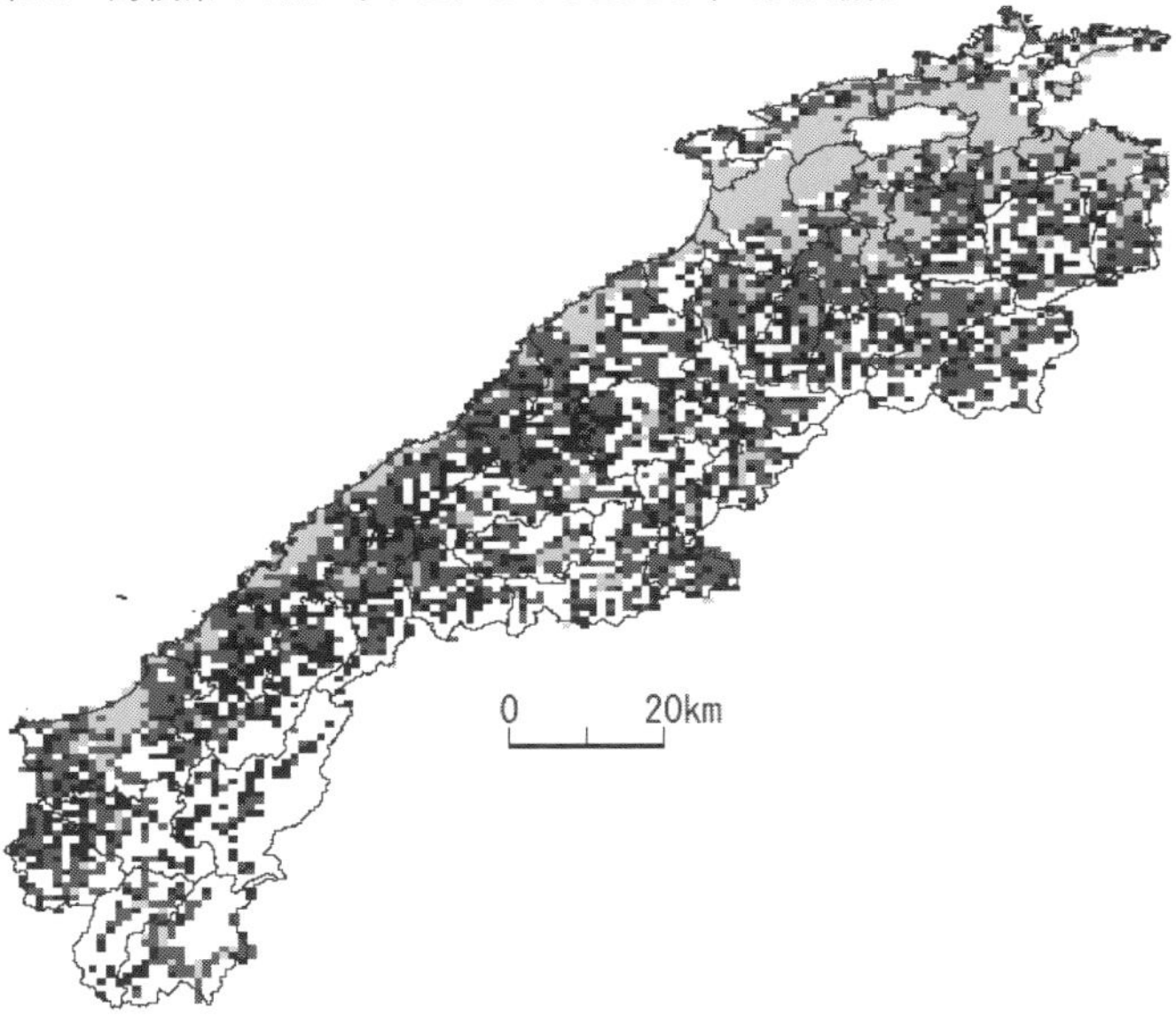

筆者は二〇一六年二月にＪＲ西日本・三江線（島根県・江津駅～広島県・三次駅）の存続問題に関する検討を依頼された経緯から、ここでは三江線と同線が関連する島根県を例に紹介する。図20は前述の「国土のグランドデザイン」の二〇五〇年の推計から島根県のデータを抜粋して示したものである。三段階の色別で、淡色から順に「〇～五〇％減少」「五〇～一〇〇％未満減少」「非居住地化（人口ゼロ）」を示している。なお白地は二〇一〇年時点で居住人口がなかったメッシュである。松江市（県庁所在地）周辺などに人口が増加するメッシュも点在するが、モノクロ印刷では表示が難しいので省略している。

鉄道の利用者数は経済情勢などさまざまな要因により影響を受けるが、いずれにしても基本的な要因は人口である。地方の鉄道路線は人口の減少とともに消滅を待つしかないのであろうか。しかし別の見方も可能である。図21は島根県について二〇〇〇年と二〇一〇年の国勢調査のデータ[注31]を比較して、駅が存在するメッシュ・駅周辺（三キロ四方）[注32]のメッシュ・駅が存在しないメッシュの三つの区分に対して、「人口が増加」「〇～二五％減少」「二五～五〇％減少」「五〇～七五％減少」「七五％以上減少」の五段階のいずれに属するか、人口の変化状況を比較したものである。図にみられるように、駅が存在するメッシュおよびその周辺の過半数で人口の減少がみられたが、駅が存在しないメッシュと比べれば人口の減少が抑制されている。一方で駅が存在しないメッシュでは人口の減少が大きく、すでに七五％以上の減少（消滅）も現れている。

これらは過去の実績であるが、将来はどのような推移を示すであろうか。三江線が結ぶ島根県と広島県について、前述の「国土のグランドデザイン二〇五〇」による将来推計人口から、両県の「駅周辺」と「県全体」のメッシュで人口減少率の推移を比べてみる[注33]。島根県については、二〇五〇年において人口が七五％以上減少、すなわち地域消滅の危機に瀕するメッシュが駅周辺では八％であるのに対して、県全体では五七％に達する。同様に広島県については、駅周辺では五％に対して県全体では四七％となる。その他の区分においても駅周辺では人口の減少率が抑えられていることがわかる。

これは将来予測であるから、駅の存在と人口の増減の因果関係を検証したものではない。一定の人口集積があったから鉄道が機能している（いた）のか、鉄道の存在が人口集積の維持に寄与しているのかというメカニズムについては検証できていないが、結果として駅の存在と人口の維持には関連がみられることは確かであろう。すなわち将来にわたり人口が減少する傾向は避けられないとしても、鉄道駅の

図21　2000年～2010年における人口変化率の分布

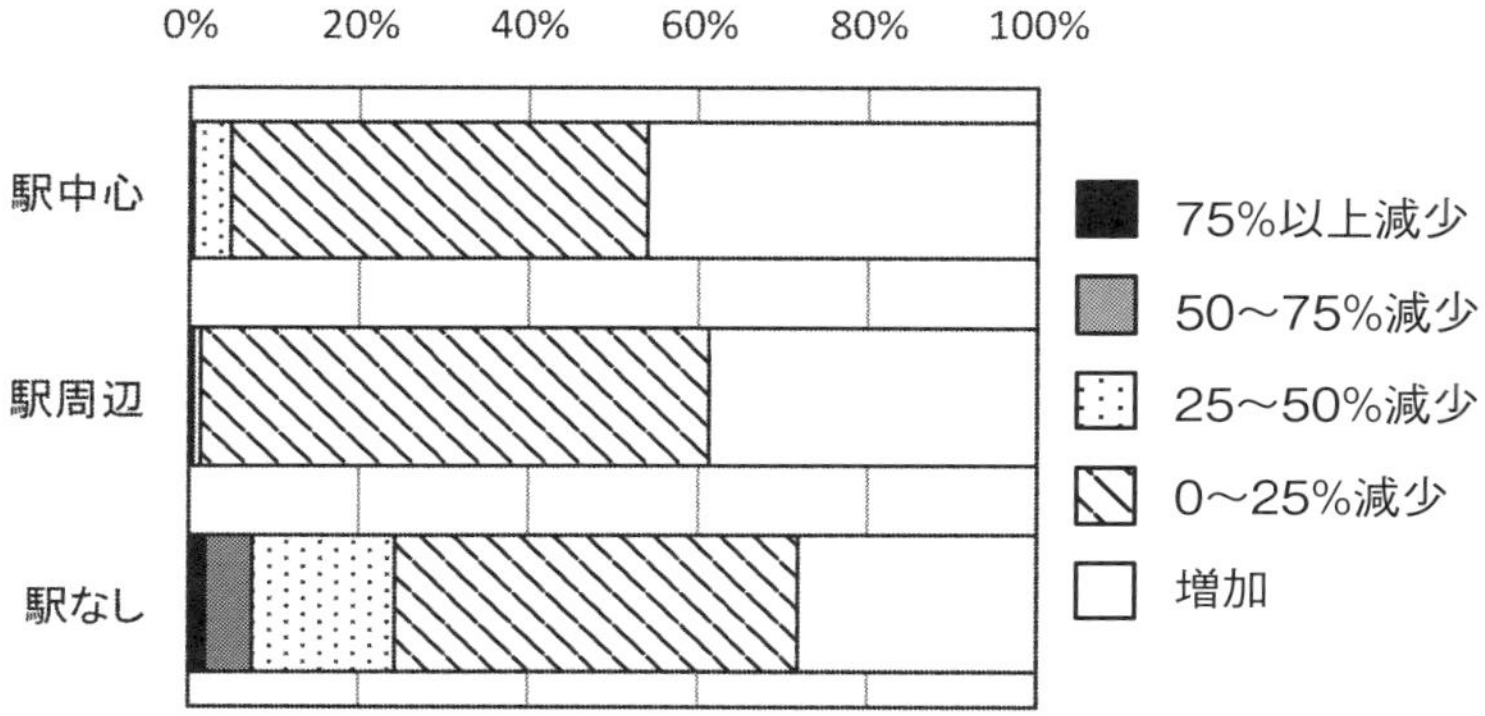

存在そのものが地域の維持に役立つ可能性がある。もともと経済基盤が弱く雇用の創出に制約のある地方都市・町村部において、旧国鉄は雇用にもかなり貢献していた。

冨山和彦氏は、地方再生はコンパクトシティ化と駅前商店街の復活が要点になると指摘している。[注34] 郊外型のロードサイド店に在来の商店街の客が奪われて「シャッター街」と化した経緯は、もはや過去のできごとであり、現在はその郊外店の退出も始まりシャッター街になっているという。郊外店は基本的に自動車での来店を前提としたビジネスであるが、高齢化に伴って自動車での来店の機会が減ってゆく。地方を成り立たせるためには、駅を核とした歩いて暮らせる範囲に各種の生活機能の集約が有効であると提案している。

前述のように鉄道駅周辺のメッシュでは人口減少が少ないことは事実であり、駅前がシャッター街と化している地域が多いとはいえ、現状でも鉄道駅の周辺はある程度生活機能が集約されてコンパクトシティ的な特性を有しているため、人口の減少が抑制されていると考えられる。これは鉄道が地域社会の維持に果たす役割を示唆しているのではないだろうか。

バス転換は地域消滅への道

地方の鉄道路線の存続を求める意見に対して、しばしば「利用者が少ないのだからバスで十分」「もともと鉄道のなかった地域もあるのだから、あえて鉄道の形で存続する根拠はない」「バスのほうが柔軟な運行ができる」等のバス転換論が提示されるが、これは実績として疑わしい。鉄道をバスに転換したとしても、すぐ続いて「もともとバスのなかった地域もあるのだから……」という説明が持ち出される。すなわちバス転換論とは、実質的には公共交通不要論を導く過程にすぎない。図22は国鉄の地方交通線（第一次）の廃止に際して、一九八五年に鉄道で運行されていた路線についてバス転換後の一九八七年における利用者数の変化率を示した結果である。[注35]

廃止前後の数年間での比較であるから、沿線の人口がその間に急減少した等の要因は考えにくいにもかかわらず、大部分の路線において利用者数が大きく減少している。しかも多くの路線では、沿線住民に対する配慮もあって転換後のバスの便数や停留所を増加させてサービス改善をはかった条件の下での減少である。まさにバス転換そのものが利用者の減少を招いた関係がみられる。このほか民鉄の廃止・バス転換でも同様の現象がみられ、実績的にも研究的にも多くの指摘がなされている。[注36] 鉄道をバスに転換することにより当面の運行経費は節減されるとしても、利用者数が大幅に減少すればやがてバスの運行も維持できなくなる。

図22　バス転換後の利用者数の変化率

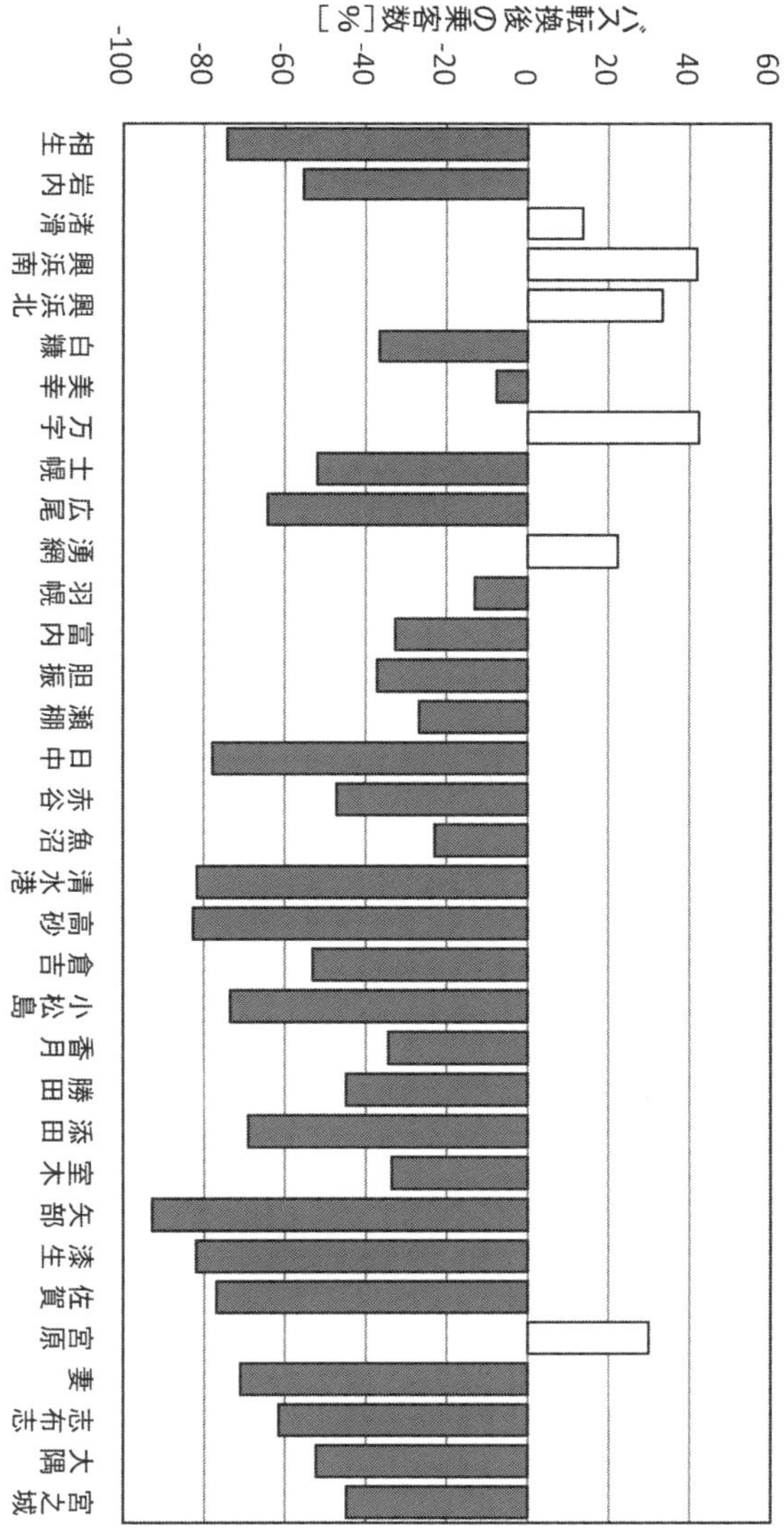

注

1 内田樹・白井聡『日本戦後史論』徳間書店、二〇一五年、五六頁。

2 「シンガポールから、羽田にただいま！」『朝日新聞』二〇一〇年一一月二日。
http://www.asahi.com/airtravel/column/fromsingapore/TKY201010300220.html

3 上岡直見『日本を壊す国土強靱化』緑風出版、二〇一三年。

4 「まち・ひと・しごと創生本部」。
https://www.kantei.go.jp/jp/singi/sousei/

5 国土交通省「国土のグランドデザイン二〇五〇～対流促進型国土の形成～」二〇一四年七月。
http://www.mlit.go.jp/kokudoseisaku/kokudoseisaku_tk3_000043.html

6 http://www.mlit.go.jp/kokudokeikaku/zs5/

7 田中角栄『日本列島改造論』日刊工業新聞社、一九七二年。

8 自治体の行政境界にかかわらず全国を物理的に一㎞の格子状に分割したエリア（基本メッシュと呼ばれる）ごとに各種の統計データが提供されている。

9 国立社会保障・人口問題研究所「日本の地域別将来推計人口」（平成二五年三月推計）」。二〇一〇年の国勢調査をもとに推計した結果である。ただし同推計では福島原発事故による避難者の将来動向が把握できないため福島県の二〇四〇年推計を行っていないので、福島県については前回推計における二〇三五年推計値が二〇四〇年も同じ値であると仮定した。

10 青木亮「ローカル地域の公共交通維持に向けた需要促進策の有効性に関する研究プロジェクト編」『日交研シリーズ』A―615、二〇一五年一月。
http://www.ipss.go.jp/pp-shicyoson/j/shicyoson13/3kekka/Municipalities.asp

11 相次ぐツアーバス事故を受けて二〇一三年八月から「新高速乗合バス」の制度がスタートし、高速道路を走行するバス運転者の一人あたりの運転距離について昼間は五〇〇キロ、夜間は四〇〇キロが上限とされたため、首都圏からの日帰りツアーが成立しなくなった。

12 同機構は「株式会社地域経済活性化支援機構法」に基づき、有用な経営資源を有しながら過大な債務を負っている中堅・中小企業、その他の事業者の事業再生を支援することを趣旨としている。ただし中小企業としているが日本航空も支援対象となった。
http://www.revic.co.jp/index.html

13 森口誠之「『トーマス列車』鉄道会社が赤字に陥ったワケ 崖っ縁大井川鉄道は生き延びられるか（上）」『東洋経済オンライン』二〇一五年六月。
http://toyokeizai.net/articles/-/73517

14 上岡直見『「走る原発」エコカー』コモンズ、二〇一五年。

15 中嶋茂夫「国内全二〇〇社五〇〇路線の経営収支ランキング」『徹底解析!!最新鉄道ビジネス』洋泉社ＭＯＯＫ、二〇一二年三月、二二頁。

16 正式名称「日本国有鉄道経営再建促進特別措置法」で一九八七年に廃法。

17 兒山真也・岸本充生「日本における自動車交通の外部費用の概算」『運輸政策研究』四巻二号、二〇〇一年、一九頁。

18 福井市・勝山市・あわら市・坂井市・永平寺町「えちぜん鉄道公共交通活性化総合連携計画」二〇一二年三月。
http://www.city.fukui.lg.jp/kurasi/koutu/public/echitetsu-renkeikeikaku_d/fil/renkeikeikaku.pdf

19 『読売新聞（山梨版）』二〇一六年二月一四日「大月・鳥沢駅建て替え トイレなし協議平行線」。

20 ＪＲ東海は二〇〇七年に全額自社負担の計画を公表したが、中間駅の建設は地元負担として計画していた。しかし地元の反発による事業遅滞をおそれて自社負担の方針に転換した際に、最低限の設備による中間駅の案を提示した。

21 http://company.jr-central.co.jp/company/others/info_35.html

22 http://company.jr-central.co.jp/company/others/assessment/faq/q19.html

23 「北斗星」は上野~札幌間（東北線経由）で一九八八年三月に運行開始、二〇一五年三月に定期運行を終了し臨時列車化、同年八月に全面運行終了。

24 「カシオペア」は上野~札幌間（東北線経由）で一九九九年七月に運行開始（季節運行）、二〇一六年三月に運行終了。

25 「トワイライトエクスプレス」は大阪～札幌（北陸線経由）で一九八九年七月に運行開始（団体専用列車）、二〇一六年三月に運行終了。

26 「ななつ星ｉｎ九州」は二〇一三年一〇月に運行開始。

27 二〇一五年一二月現在、会津川口～只見間は二〇一一年七月の豪雨災害により不通となっており、復旧工事も着手されていない。

28 しなの鉄道〈長野駅～妙高高原駅〉・えちごトキめき鉄道〈妙高高原駅～市振駅〉・あいの風とやま鉄道〈市振駅～倶利伽羅駅〉・ＩＲ鉄道〈倶利伽羅駅～金沢駅〉。

29 過去の資料は日本交通公社出版部『時刻表』一九八三年七月号、ジェー・アール・アール『国鉄気動車客車編成表』一九八三年七月号。現在の資料はＪＴＢパブリッシング『時刻表』二〇一四年六月号、ジェー・アール・アール『普通列車編成両数表』第三四巻、二〇一四年六月など。

30 東日本大震災の前であるので宮古～釜石間も列車が運転されていた。

31 市区町村別メッシュコード一覧および各年国勢調査の一kmメッシュデータは総務省統計局ウェブサイトより。
http://www.stat.go.jp/data/mesh/m_itiran.htm
http://e-stat.go.jp/SG2/eStatGIS/page/download.html

32 「周辺」とは、その駅が存在する一kmメッシュおよび、それに隣接した八個のメッシュ（すなわち三km四方）として集計した。

33 国土交通省「国土数値情報ダウンロードサービス」。
http://nlftp.mlit.go.jp/ksj/old/old_datalist.html

34 冨山和彦『なぜローカル経済から日本は甦るのか』ＰＨＰ新書№九三一、一三七頁。

35 『運輸白書』昭和六三（一九八八）年版より。

36 加藤博和「なぜ鉄道廃止代替バスは乗客を減らすのか」『第三一回土木計画学研究発表会・講演集』ＣＤ―ＲＯＭ、二〇〇五年六月。

第6章　鉄道はエコでなくてよい

山手線放火事件

ＪＲ敷地内の電気・通信設備等に放火したとして二〇一五年八月に四二歳の男性が逮捕された。その言動には不可解な点が多いが、本人は裁判でも「ＪＲは大量に電力を消費し国益を損なっている」等と主張している。[注1] たしかに「電車」という名称のとおり、鉄道は大量に電力を消費して多数の車両を高速で動かしている印象を抱くのは当然かもしれない。放火行為はもとより論外であるが、一般の人も電力の消費に関しては同様の印象を抱いているのではないだろうか。

しかし実際は印象とは異なる。ＪＲほか鉄道事業者はたしかに電力の大口ユーザーの一つではあるが、電力消費全体に占める割合は小さい。経済産業省の総合エネルギー統計[注2]によると、二〇一三年度では国内の電力消費量九六六六億kW・時のうち、鉄道の消費はＪＲの新幹線・在来線・民鉄をすべて合計して一九億kW・時（旅客輸送一七〇、貨物輸送八、その他間接部門一一）であり全体の二％程度である。他の業種の例を挙げれば、自動車に関連する製造業では二二六億kW・時を消費しており、鉄道はそれより少ない。しかも自動車の製造は「車両」を作るまでの段階に過ぎず、自動車が交通機関として機能するためには別に走行のための大量のエネルギー（燃料）を必要とする。これに対して鉄道は国内全体の二％の電力で大量の輸送を賄っているのである。

また電力以外の燃料・熱なども合わせたエネルギー全体として比べると、国内の最終エネルギー消費は熱量に換算して一万三九八四PJ（ペタジュール表示）であるのに対して、鉄道の電力消費を熱量に換算[注3]

すると七九PJであり全体の〇・六％に過ぎない。統計によっては項目として出てこない場合もあるほど微小な割合である。なおＰ（ペタ）は「千兆」をあらわす接頭辞であり、PJ（ペタジュール）と言われても実感が捉えられないかもしれないが、一つのたとえで示すと、海外から日本に原油を運んでくる超大型タンカー一隻分の原油が持つエネルギーがおよそ一五PJに相当する。

鉄道はエコと言えなくなる事情

新幹線の車内のＬＥＤ表示器に「東京〜大阪間で新幹線の一座席あたりエネルギー消費量は航空機の六分の一」という案内を流して環境面の優位性（省エネ）をアピールしていた時期があった。しかし鉄道の環境面の優位性をアピールしても一般の利用者には評価されていないのではないだろうか。筆者の体験であるが、たまたまこれを眺めていた隣席の乗客が「だったら料金をもっと値下げすればいいじゃないか」という批判的な反応を示していた。特に新幹線で大都市間を頻繁に移動するビジネスパーソンの多くは、「環境」と聞いただけで企業活動に制約を及ぼす要因と捉えて嫌う傾向がある。

全国の自治体の環境や交通に関する計画において、大都市圏はもとより地方都市圏でさえも「マイカーから公共交通機関への転換によるＣＯ$_2$排出量の削減」が定型句のように記述されている。しかし鉄道は自動車に比べるとはるかに重量の大きな車両を使用し、いかに編成両数を削減しても一両以下にはできないため、輸送量が小さいとエネルギー原単位、すなわち輸送量（たとえば一人km）あたりのエネルギー消費量が増大する。一方で自動車のエネルギー原単位は車両の燃費改善に伴って年々低下している。

自動車は一台あたりの乗車人数はおおむね一定であるから、車両の燃費改善はエネルギー原単位の低下に直結する。この問題について伊藤圭氏らは二〇〇〇年と二〇五〇年における輸送密度とCO_2排出原単位の関係を検討し、旅客交通に起因するCO_2を大幅削減するためには公共交通をどの程度導入する必要があるかを検討している。[注5]二〇〇〇年時点では鉄道の輸送密度が三〇〇〇人／日前後で輸送量あたりCO_2排出量が乗用車と拮抗するのに対して、二〇五〇年には自動車の燃費の改善に伴い鉄道の輸送密度が一万人／日前後なければCO_2排出量の面での優位性が発揮できなくなると推定している。

ところで鉄道の輸送量あたりのCO_2排出原単位は、電気鉄道の場合は電力の一次エネルギー源の構成比（原子力・火力・再生可能エネルギー等）により変化する。伊藤氏らの検討は福島原発事故前であるが、現在はCO_2排出原単位が大きく変わるとともに将来の電源構成については多様な議論があり二〇五〇年における構成比は予測しがたい。このため本稿では改めて最近の「鉄道統計年報」[注6]を使用して、CO_2排出原単位の代わりに輸送量あたりのエネルギー量を指標として輸送密度との関係を再評価した。なお現在の旅客輸送では機関車が牽引する列車の比率は微小であるため、すべて電車または気動車であるとして計算している。

図23は国内の全鉄道（軌道）事業者について、輸送密度と鉄道のエネルギー原単位の実績値を示す。記号の種類は「普通鉄道」「地下鉄」「路面」「ゴムタイヤ方式（モノレールやいわゆる新交通）」の別を示す。短距離で発進・停止を繰り返す路面電車は、普通鉄道や地下鉄よりエネルギー原単位が若干大きい傾向を示している。また同じ図に、現状のガソリンハイブリッド（HV）自動車（グレーの直線）と、二〇五〇年ころに普及が想定される燃料電池自動車（黒の直線）のエネルギー原単位を合わせて示す。[注7]鉄道（軌

道）は一車両あたり何人の乗客が乗るかによって輸送量あたりのエネルギー消費量が変化する。これに対して自動車では一台ごとに乗車する人数はおおむね一定なので、輸送量あたりでみたエネルギー消費量は一定値（直線）を示すことになる。図23よりみられるように、現状では鉄道（軌道）の輸送密度が一〇〇〇〇人前後でエネルギー原単位がＨＶ車と拮抗するが、燃料電池車が普及した場合には輸送密度が数千人前後なければこれに拮抗しないことが示されている。

図23　輸送密度と鉄道のエネルギー原単位の関係

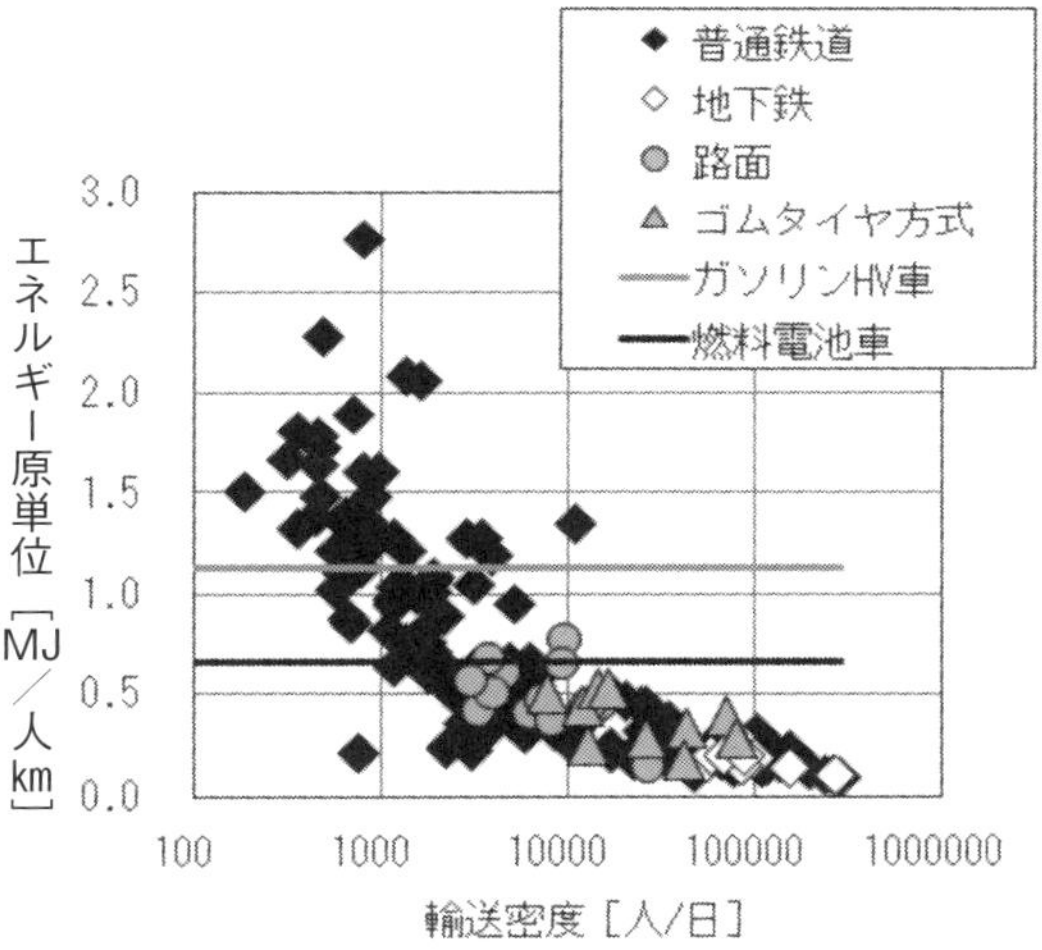

図24は現時点の国内の普通鉄道（ＪＲ・民鉄）・地下鉄・路面・タイヤ方式の種別ごとに、輸送密度のランク別（図参照）の路線がどのような割合を占めているかを示したものである。前述の輸送密度とエネルギー優位性の関係を考慮すると、現状でも地方交通線の多いＪＲ、および地方の中小事業者も交えた民鉄の普通鉄道のおよそ半数では、自動車に対してエネルギー優位性をすでに発揮しておらず、さらに将来はその範囲がさらに制約されると考えられる。これに対して、その多くが大都市で運行される地下鉄やゴムタイヤ方式では輸送密度が高く、エネルギー優位性は変わらないで

図24　路線数でみた平均通過数量の分布

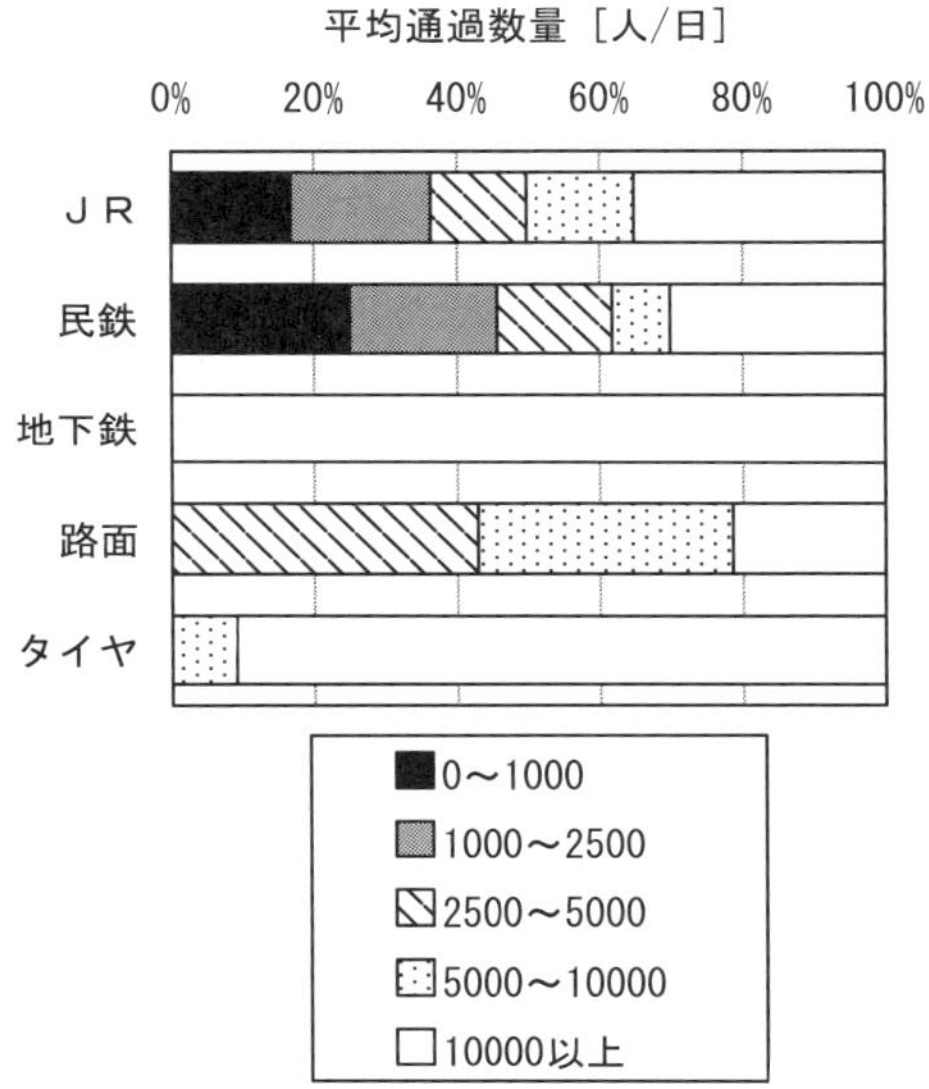

あろう。路面電車ではエネルギー優位性がもともと地下鉄より落ちるため、優位性が発揮できない路線が増加するものと考えられる。第5章でみたように今後は地方部で人口減少が進み輸送密度が低下することは避けられない。特に地方都市においては、鉄道のサービスレベルをいかに向上させても利便性において自動車に優ることはできない。「マイカーから公共交通機関への転換によるCO_2排出量の削減」を掲げることは根拠が乏しくなる。

前述のように日本は、人口に対する鉄道ネットワークの距離としては世界で必ずしも上位ではないが、大都市圏の詰め込み輸送の影響もあって輸送量は世界一である。利用者の数としてカウントした場合、地球上の鉄道利用者の六割以上が日本の鉄道によるものである。[注8] こうした背景もあり日本の鉄道の輸送密度はＥＵ各国と比較すると桁ちがいに高く、全国のローカル線まで合算したＪＲ全体の平均としてもＥＵ二八カ国平均より高い。輸送密度は一㎞あたりの運賃収入とおおまかに比例するから、輸送密度が高いことは収益性が高いことを示す。一方でそれは詰め込み輸送の結果でもあり、高ければ高いほど優れた指標であるとは評価できない。環境面・エネルギー面の観点だけでなく、まず「人に優しい」交通でなければ、持続的な交通として社会的に支持が得られないのではないか。国内外を問わず鉄道は基本的に共通した設備と技術で運行されており、個々に車両の性能の差異はあってもケタちがいの差はない。このためエネルギー原単位に差が出るのは主に輸送状況の反映である。日本とEUの鉄道についてエネルギー原単位[注9]を比較すると、国内では輸送密度が低いJR北海道・JR四国がEU二八カ国平均と同程度であることは、日本のJR本州三社や大手民鉄がいかに詰め込み輸送を行っているかを端的に示している。

電車の冷房削減は省エネか？

第1章では「座れない」の問題を検討してきたが、ここでは「暑い」の問題を考えてみたい。交通に関するエネルギー消費を総合的に考えると、鉄道はもっとエネルギーを使ってでもサービスレベルを向上させたほうが、自動車への転換を食い止めて社会全体として省エネルギーになる可能性がある。極論と思われるかもしれないが「省エネルギーは冷房強化から」という関係もありうる。車両の冷房化率はほぼ一〇〇％に達しているが、それでも夏になると鉄道の利用を嫌う人からは「暑い・遅い（自動車に対して）・座れない」という三大要因が指摘される。鉄道利用に関する暑さの問題は、駅や車両に冷房が設置されているかどうかの問題だけではなく、駅まで（から）のアプローチも合わせて考えなければならない。真夏の炎天下に外を歩いて駅に着き、やっと電車に乗れたかと思うと車内が蒸し暑く汗をかいた他人と密着するなど、鉄道の利用が嫌われる要因となろう。さらに地下鉄では外も見えないので圧迫感、閉鎖感が加わる。

鉄道車両の冷房が過剰という意見もしばしば聞かれ、路線によっては「弱冷房車」も設定されている、通常は「不快指数」[注10]として半数の人が不快と感じる程度の温度・湿度を目安に設計・運用されている。鉄道関係者にヒアリングしたところでは、冷房の感じ方には個人差が大きく二九℃でも「冷えすぎ」とクレームがあるという。誰もが冷房過剰と感じないように設定すればほぼ全員が暑いと感じることになる。同じ人であっても駅まで炎天下を歩いてきて呼吸量や心拍数が増えているときは暑く感じるが、何分間か経過して落ち着いてくると同じ温度・湿度であっても涼しく感じるようになる。その一方で、クルマの利用は何ら制限されていないから、人々は自動車が使えるかぎりは自動車の利用を好むだろう。一九六〇年代に名古屋鉄道が全国に先駆けて電車の冷房化を推進した理由は、利用者が自動車に移行することを食い止めるためであったことはよく知られている。すなわち冷房を節減すればそれと逆のことが起きることを示唆している。

電車がホームに入ってくると、エアコンが轟音を立てていかにも冷房に大量の電力を消費しているような印象を受けるが、鉄道用のエアコンの所要電力は通勤電車で一両あたり二〇kW前後[注11]である。東日本大震災後の二〇一一年の夏には、原子力発電所の停止に伴って電力不足の可能性が指摘され、東京電力管内では同年七月から正午〜午後三時まで前年比で一五％の節電が求められることとなった。各鉄道事業者でも駅や車両の冷房の設定温度を上げることについて利用者の理解を求めるポスターを掲出した。同年の夏には予期しない大規模停電、すなわち発電所の供給能力を超えた電力需要が瞬間的に発生することを回避する観点からはやむをえないが、社会全体として省エネルギーになるかどうかは検討を要する。

図25　鉄道の電力消費パターン

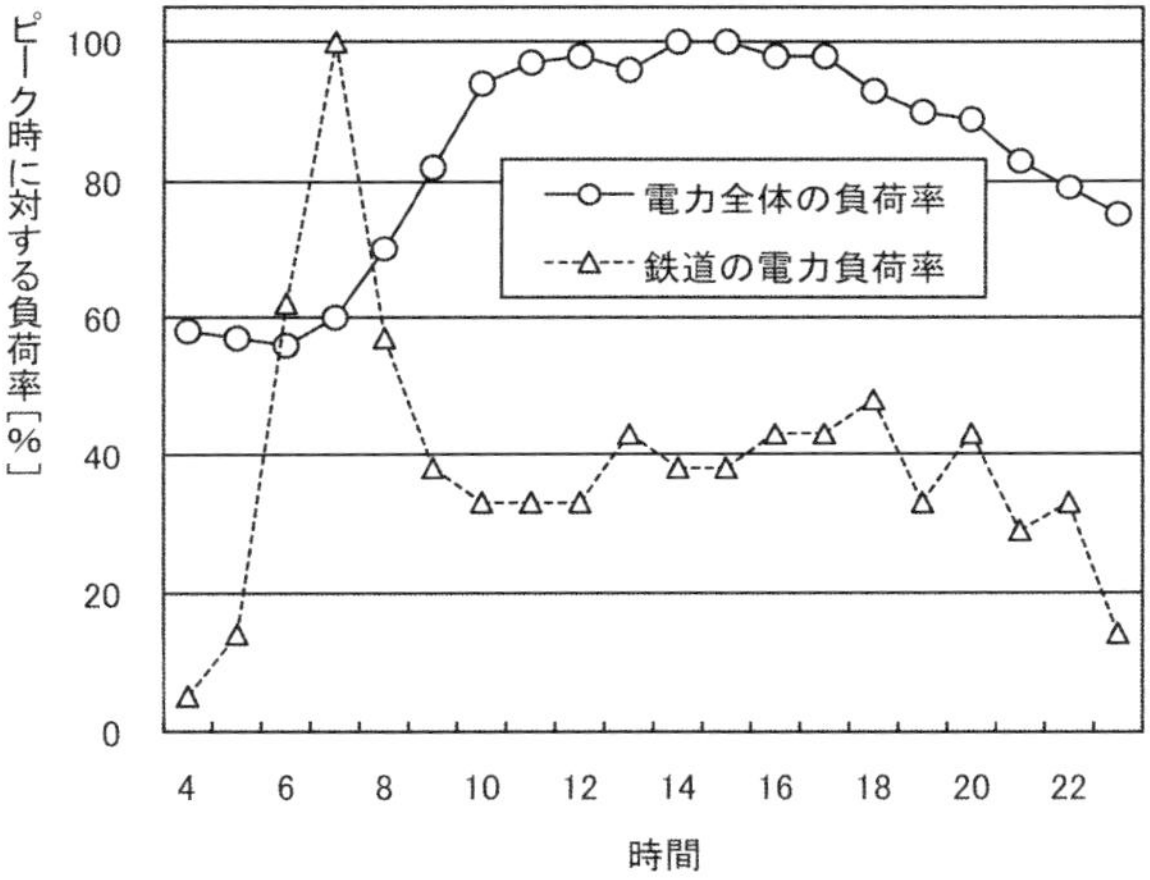

二〇kWの動力とは、自動車にあてはめると大衆車クラス一台の走行に必要な動力の半分から三分の二程度である。かりに鉄道の冷房電力のいくらかを節減して車内の不快指数が上昇したために、鉄道の利用を嫌って一車両あたり一人でも自動車に乗りかえる利用者が生じると、社会全体の省エネルギーの観点ではただちに逆効果となる。なお「冷房」というのは一つのたとえであって、エネルギーをいくらか余計に使ってでも鉄道の快適性を向上させて、いま以上に利用者が鉄道から自動車に逸走しないように対策を施すほうが省エネルギーの観点では効果が期待できる。

もう一つの側面として、電力に関しては時間的な変動を考慮する必要がある。図25は電力全体での最大需要量に対する時間ごとの負荷率（一日の最大需要を一〇〇%とした場合）の時間的な変化と、同じく鉄道の時間ごとの負荷率（JR東海道線の運転本数から推定した例）

の変化を示す。鉄道の電力負荷がピークになるのは当然ながら朝のラッシュ時の七〜八時台であるが、この時間帯は社会全体の電力負荷としてはまだ低い時間帯に属する。逆に電力のピーク負荷（供給力不足）が懸念される一三〜一六時は鉄道では閑散時間帯である。二〇一一年夏に求められていた「節電」は、鉄道の電力消費の時間変動パターンから検討すれば本来の供給力不足の問題とは関係ない。

奇妙な「節電」

鉄道事業者自体が、こうした誤解あるいは意図的な印象操作に加担している例がある。二〇一一年の夏、西日本の電力不足を懸念してJR四国は、四国電力からの節電要請に備えて一部区間で電車をディーゼル車両に切り替えたり、間引き運転をしたりする検討に入った。[注12] しかしJR四国はJR各社の中で最も事業規模が小さい上に電化区間が少ないため電力消費量はわずかである。JR四国の環境報告書によると、二〇一〇年度の電力使用量は、電車の走行のほか駅など間接的な分を入れても〇・九億kW・時[注13]（日本全体の鉄道電力消費量の〇・五％）である。また四国電力の同年度の供給量一九一億kW・時[注14]のうち〇・三％に過ぎない。前述のように鉄道の電力ピーク時は朝の通勤・通学時なので、供給力が問題となる昼間には関係ない。唐突に「四国」が取り上げられたのは伊方原発の再稼動が関係しているのではないか。公共性が高く注目を惹きやすい、あるいはビジネス利用者が多い鉄道を標的にすることによって「原発がないと不便になる」との印象操作が行われた可能性もある。それよりも高校野球のテレビ中継をやめたほうがはるかに節電効果が高い。

二〇一一年の夏にＪＲ東日本の東北地方の路線に乗車したところ、車内の蛍光灯の一部が取り外されており「この蛍光灯は節電のため取外しております」との掲示があった。しかし不可解なことにこの車両はディーゼル車両である。ディーゼル車両は原理的にはバスと同じであり外部から電気を受けておらず、車両に搭載したエンジンに付属した発電機で車内の電気を賄っている。したがって車内の蛍光灯を取り外したところで、わずかに燃料の削減になるとしても電力会社に対する負荷の軽減とは関係ない。当時は「節電」が社会的に大きな関心を集めたが、脱原発のためとか、化石燃料の消費防止のためなど、エネルギー政策上の意識を持つ人はどれだけいただろうか。「みんなが不便・不快をがまんしているときに、一部だけ楽な思いをするのはけしからん」というような集団心理や自己規制で節電が行われていたとすれば、政策の転換にはつながらない。こうした発想であるかぎり、放射線の被曝についても「みんなが汚染をがまんしているときに自分だけ避難するのはわがままだ」というような社会的な圧力に容易にすり替えられてしまうだろう。

注

1　『産経ニュース（Ｗｅｂ版）』二〇一五年一二月一六日、その他各社報道。http://www.sankei.com/affairs/news/151216/afr1512160023-n1.html

2　資源エネルギー庁「総合エネルギー統計（エネルギーバランス表）」。http://www.enecho.meti.go.jp/statistics/total_energy/results.html#headline2

3　この他に非電化区間のディーゼル車両の燃料があるが割合は小さい。

4　実際の一台あたりの平均乗車人員は一・六人前後。

5 伊藤圭・加藤博和・柴原尚希「日本における地域内旅客交通CO_2大幅削減のための乗合輸送機関導入必要量の算定」『第四二回土木計画学研究発表会講演集』ＣＤ－ＲＯＭ、二〇一〇年。

6 国土交通省「鉄道統計年報［平成二四年度］」。
http://www.mlit.go.jp/tetudo/tetudo_tk6_000036.html

7 （財）日本自動車研究所・ＪＨＦＣ総合効率検討特別委員会「ＪＨＦＣ総合効率検討結果」二〇〇六年三月。
http://www.jari.or.jp/Portals/0/jhfc/data/report/2005/pdf/result_main.pdf

8 国土交通省「交通関係統計資料集」。
http://www.mlit.go.jp/statistics/kotsusiryo.html

9 ＥＵのデータはEuropean Commission、EU Statistical Pockebook 2015 Mobility and Transportation、
http://ec.europa.eu/transport/facts-fundings/statistics/pocketbook-2015_en.htm

10 夏の蒸し暑さを数量的に表した指数。気温と湿度の関数として定義され、不快指数が七五になると人口の約一割が不快を感じ、八五になると全員が不快になるとされる。

11 状態によって異なる。炎天下の車庫に停めてあった電車の使用準備を行う場合等は集中的により多くの電力を必要とする場合がある。

12 『読売』Ｗｅｂ版二〇一二年五月七日「冷凍庫止まる」不安のアイス会社…全原発停止。
http://www.yomiuri.co.jp/atmoney/news/20120506-OYT1T00076.htm?from=main2

13 ＪＲ四国「ＪＲ四国環境保全への取り組み二〇一一」。
http://www.jr-shikoku.co.jp/03_news/press/11-12-27/01.htm

14 四国電力ホームページ 電力需給状況。
http://www.yonden.co.jp/corporate/yonden/demand/index.html

第7章　リニアより詰め込み解消を

技術的合理性のないリニア

リニア新幹線事業に関しては大半のメディアが「日本の技術は世界一、夢のプロジェクト」として肯定的に取り上げている。しかしその多くはJR東海の発表を無批判に請け売りする内容にとどまる。冷静に検討すると問題点が多く、物理的な危険性とともに事業性でも疑わしい面が多く、事業としての破綻をきっかけにJR東海あるいは日本の鉄道全体の崩壊の引き金になるおそれがある。現東海道新幹線（一九六四年開業）を「世界初の高速鉄道」と位置づけ、それと同じく成功するであろうと期待する議論もあるが、この認識は正確ではない。現新幹線は戦前から計画され一部のトンネルも完成していた。信号システムについても、当時は現在のような半導体技術は存在しないものの、先進的な信号システム（信号確認を運転士の視認に頼らず計器で表示する）の基礎となる試験に着手しており、戦後すぐに再開したが進駐軍の命令で中止した等の経緯がある。[注1] 正確には「戦争で中断した事業の再開」である。最高速度の二一〇km／時は当時の世界一ではあったが、海外ではすでに一〇〇マイル／時（一六〇km／時）程度が実用化されており、それと隔絶した世界ではなく過去の延長上のシステムであった。

東海道新幹線も計画段階では無用の長物と批判されながら成功を納めたことを例示して、リニアも同じように成功するはずだと楽観視する議論があるが、リニアには現新幹線の成功体験は通用しない。新しいシステムにはある程度試行錯誤の要素が伴うことはやむをえない。しかし社会的に重大な影響、ことに人命や健康に関する被害をもたらさない範囲で行う節度が必要である。当時の東海道新幹線でも開業当初は初期トラブルが多発して試行錯誤的な対策が求められたが、トラブルが起きた時には走行時速を下げて在来線の経験範囲に戻し、輸送を途絶させることなく利用者の安全を確保しながら経験を重ねて解決するという基本方針があった。それが現在までの安全につながっている。しかしリニアは過去の蓄積がなく、利用者を実験台にした試行錯誤にならざるをえない。

リニアの基本的な技術はメーカー任せである。主力は日立・東芝等で、日立は実験車両の車体・台車の製造を担当しているほか、超電導磁石に関する技術をはじめ、運転制御システム・電力供給システム・運転管理システムを担当している。東芝は電力供給設備を担当している。リニアの基本技術はすべてメーカーが握っているため、トラブルが起きた際の対処はメーカー任せとならざるをえない。

この体制は原子力と似通っており、同じような問題が起きる可能性を示唆している。高速増殖炉の「もんじゅ」では、計画を決定的に破綻させたナトリウム漏れ事故の原因は温度計の「さや（保護管）」の折損であった。このトラブルは高速増殖炉の本質的な部分とは関係なく、他の分野のプラントでも使用されている同種の計器において過去にも発生している事故である。しかし発注者側とメーカー側が設計条件について綿密な情報の共有がなく「丸投げ」していたため設計上の見落としが生じたことが原因とされている。このように巨大システムを崩壊させる事故というのは、本質的な部分よりも周辺部から発生するものである。JR東海にその管理能力があるのかは疑問である。

リニア新幹線では過度な高速性を求めた結果、現東海道新幹線と比べて車体が小さい（断面積にして約七〇%）にもかかわらず大きなトンネル（断面積にして約一二〇%）を必要とする無駄の多いシステムである。その他の要因も重なって、現東海道新幹線が一時間・片道あたり一万七〇〇〇人を輸送できるのに対して、リニア方式は最大でも一時間・片道あたり一万人しか輸送できない。[注2]トンネルの工事費は概ね断面積に比例して増加するので費用の面でも不利である。かりに高速性が必要としても、在来の鉄車輪・鉄レール方式で、すでに試験的には四四〇km／時、営業運転で三二〇km／時の実績が得られている現状で、最高速度だけを追求しても合理性は疑問である。

手探りで人体実験

ＪＲ東海ではリニアの事故時の対応について一通りはまとめている。例えば「大深度かつ長大なトンネルにおける火災時の対応の例」において、①原則として次の停車場又はトンネルの外まで走行、②万一、大深度地下の長大トンネルの途中で停止した場合、煙の進入を防止した避難通路へ避難し、その後、最寄りの駅及び立坑へ移動し、地上へ避難するとなっている。[注3]しかし火災は様々な要因で発生することが考えられ、特に大規模災害と複合的に発生した場合には、停電による昇降設備や換気装置の停止などに対する配慮がどのようになっているかは不明である。現在のところ交通施設（鉄道・道路）では地表から四〇ｍ以深に建設された実例はない。[注4]

東京（品川）駅・名古屋駅は大深度地下[注5]に設けられる。リニア新幹線に限らず地下鉄・地下街等についても同様の問題があるが、地震・津波・河川氾濫などに対する考慮が必要である。東京都防災ホームページには「首都直下地震等による東京の被害想定」[注6]「南海トラフ巨大地震等による東京の被害想定」[注7]が提供されている。また愛知県防災会議ホームページ会議資料には「愛知県東海地震・東南海地震・南海地震等被害予測調査（国の震度分布、液状化危険度、浸水想定域を前提とした市町村別試算について）[注8]」が提供されている。それらによると、大深度は地震動に対しては地上より緩和される傾向があるものの、津波浸水についてはひとたび浸水すれば復旧は極めて困難であろう。

また災害時でなくても何らかのトラブルでトンネル内に長時間停止する事態はありうる。中央リニア新幹線の計画ではルートのほとんどが大深度部と山岳部の長大トンネルである。大深度部では換気や避難のため五〜一〇kmおきに避難路を兼ねた通気筒が設けられる。耐震設計によりトンネルの全面的な圧壊などは可能性が少ないと考えられるが、ある程度の軌道のずれ等は避けられないし、電力の供給が長時間停止する等の事態も予想される。

脱線しないまでも大深度の長大トンネル内で列車が停止し、短時間で運転が再開できない場合、利用者をどのように地上へ誘導するのだろうか。JR東海による「説明会における主なご質問」の資料によると、トンネル内で列車が停止した場合の避難について、大深度区間では五〜一〇kmおきに通気筒中にエレベータ等の昇降装置を設け、また山岳トンネル区間では保守用通路及び斜路を避難通路として利用するとしている。[注9]しかし昇降装置は停電時にも動作するのだろうか。すなわち現在の事故対策は、平常時にリニア新幹線において単独のトラブルが発生することしか考慮していない。いかに防災対策を講じていても、大規模災害時には警察・消防・自衛隊など救援体制の負荷が過大になる。通常の鉄道に比べて救援に桁ちがいの手間がかかるリニア新幹線などを作れば、ますます救援体制に負担をかけることになる。

図26はJR東海の資料より静岡県地区の山岳トンネル最深部となる断面図[注10]であるが、外部へ脱出する

までの困難さが現行新幹線とは大きく異なる。この地区は「二軒小屋」地区と呼ばれ工事用の坑道の掘削が予定されているが、開通後には脱出経路として利用される予定である。しかし脱出口に到達しても、水平距離約二km・高低差約三〇〇mの坑道を人力で登攀することになる。さらにトンネル外に脱出できても無人の山中であり、冬期であれば経験も装備もない一般利用者がそこに留まるだけで生命の危険が生じる。救援のバスや緊急自動車も容易にアクセスできないから、むしろ航空機が山中に墜落したような状況が発生する。

リニア新幹線の安全対策についてJR東海の「中央新幹線計画に関する説明会資料について」[注11]の「地震、火災等の異常時への対応」によると、安全対策として①堅固なU字型ガイドウェイの中で磁気反発力により保持されており脱線しない構造である、②土木構造物は耐震基準に準拠しており、また地下部では地震動が緩和される、③早期地震警報システムを導入する、④停電などの異常時においても安全に停車できる等が挙げられ、安全性に問題はないと説明されている。現在の新幹線と在来線ではこれまでに地震被害の経験があり、部分的な破損があっても応急的な復旧措置を講じて段階的に徐行運転などにより列車の運行を再開することも可能である。しかし中央リニア新幹線については、外部から強い振動を受けた時に、軌道や車両にどのような状況が発生するか全く未知である。JR東海の説明は「少なくとも脱線しない」という意味にすぎず、それだけでは災害時に輸送機関として機能できるか全く保証がない。

車体の強度についても不安がある。実用車両の詳細な設計資料はまだ公開されていないが、JR東海の資料[注12]により推定すると、車体周面積あたりの車体重量として比較すると、現新幹線の〇・一三t／㎡に対してリニア新幹線は〇・〇八t／㎡となり、三五%も軽量化されることになる。通常の鉄道車両よ

図26　長大トンネルの避難経路

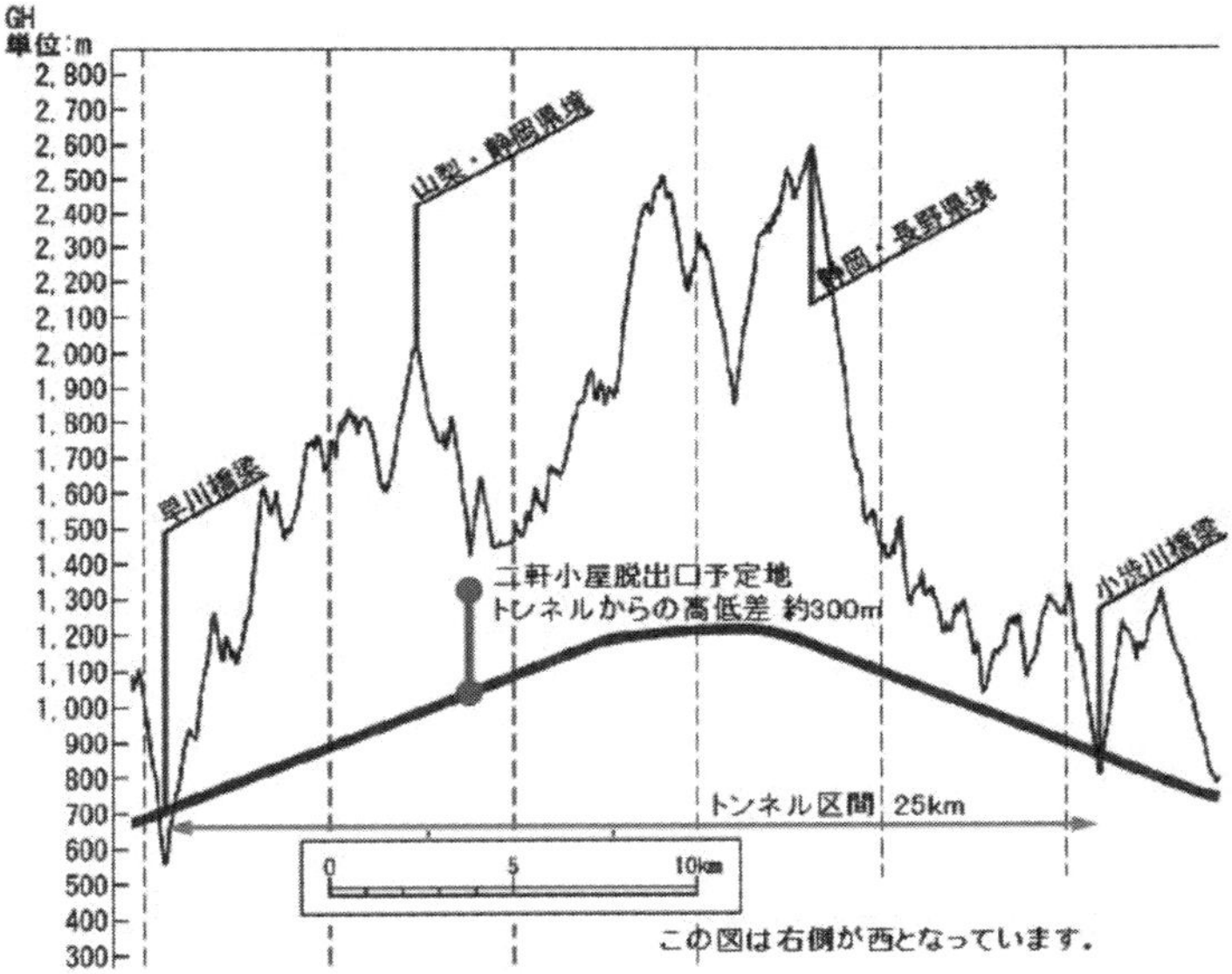

りも航空機に近い構造となるわけであるが、航空機ではトンネル内のすれ違いにより風圧を繰り返し受けるような条件はなく、リニア新幹線で初めて遭遇する条件である。リニアの実験線では相対速度（上下列車の速度の合成）が一〇〇〇km／時を超えるすれ違い実験を行って問題ないことを確認したとしているが、[注13] 実験用の短い編成を用いて短期間に実施したに過ぎず、一六両編成となる営業列車が相互にトンネル内で頻繁にすれ違う状態における実証は全く行われていない。

早くも経営破綻のおそれ

ＪＲ東海による建設が具体化したリニア新幹線は、技術的な開発は旧国鉄において一九六二年（東海道新幹線の開業前）から始まっており、ルートの構想としては一九六九年度の『運輸白書』から言及がみられ、第二東海道新幹線の位置づけがなされている。[注14] 一九八七年に国鉄が分割民営化されたが、（公財）鉄道総合技術研究所（JR総研）が開発業務を引き継いだ。二〇〇〇年に「超電導磁気浮上式鉄道実用技術評価委員会」において「実用化に向けた技術上の目途は立ったものと考えられる」との評価がなされた。[注15] さらに二〇〇九年には同委員会において「今後詳細な営業線仕様及び技術基準等の策定を具体的に進めることが可能となった」と述べられている。[注16]

二〇一〇年には「交通政策審議会」において「営業主体及び建設主体をJR東海、走行方式を超電導リニア方式、ルートを南アルプスルートとすることが適当」との報告が提出された。[注17] この後二〇一一年には東日本大震災と福島原発事故が発生したが、原発事故がまだ収束しない同年五月に「交通審議会陸上交通分科会鉄道部会中央新幹線小委員会」において前述の内容が正式に答申として提出された。

これに基づいて国土交通大臣は正式に営業主体及び建設主体としてJR東海を指名し建設指示を行った。注目点として、従来は新たな新幹線の建設は「鉄道建設・運輸施設整備支援機構」が建設主体で、費用は国および沿線の都道府県が負担するとされていたが、リニア新幹線についてはJRの自主事業とされたことである。二〇一四年一〇月には工事実施計画について認可を行った。答申時点の費用の概算額は九兆〇三〇〇億円（東京〜大阪間で）とされている。[注18]

二〇一五年一二月には、最大の難所とされる長さ約二五kmの「南アルプストンネル」の山梨県側約八kmの区間で起工式が行われたが、[注19] JR東海は「工事が予定通りに進むかどうかは掘ってみないとわからない」とコメントしている。また同社の柘植康英社長は「コスト低減を尽くすのが第一だが、経営の健全性や安定配当に支障が出るとなればペースを調整するのも念頭に置く」と述べ、将来は開業時期の先送りを判断する局面もありうるという見方も示した。長大トンネルの掘削には不確定要素が多いうえ、二〇二〇年の東京五輪（前述「答申」の時点では東京五輪は未定）や震災復興に関連して工事費や用地代の高騰が避けられないためである。

リニア中央新幹線と同様な長大山岳トンネルを有する東北新幹線（一九七一年着工、一九八二年開業）は、認可時点の計画事業費が当時の金額で一兆八〇五〇億円に対して最終額が三兆五七〇五億円に、上越新幹線（一九七一年着工、一九八二年開業）は同じく計画事業費が四八〇〇億円に対して最終額が一兆六八六〇億円に膨張している。ゼネコン関係者は、リニア新幹線は従来の新幹線事業と異なってJR東海の単独事業だけに、予期しない建設費の膨張があっても補填されない可能性があり、リスクが大きいため受注には慎重にならざるをえないとコメントしている。[注20]

こうした背景から、リニア新幹線はJR東海の自主事業としながら、いずれ公費投入が不可避となるとの懸念が示されている。もともとJR東海が示したリニア新幹線の収支計画は楽観的に過ぎる。たとえば藻谷浩介氏は、国内旅客輸送量がいずれの交通モード（鉄道・航空機・自動車）においても横這いあるいは減少している中で、現状から漸増の利用者数を見込んだ同社の需要予測は甘いと指摘している。[注21]しかし前述の「小委員会」では慎重な評価は全く無視して、JR東海の計画を堅実なものであると答申している。しかしJR東海自身の資料でもきわめて危ない予測が示されている。

図27の●印はJR東海の資料による二〇五〇年頃までの経常利益の予測である。また△印は同じく運輸収入の見込みである。[注22]JR東海による経常利益の予測とは、一般的に用いられる経済成長率等を因子

としたシミュレーションではなく、現行（東海道新幹線）の収入が名古屋開業までは横ばいで維持されるものとして、時間短縮などリニアの効果によって航空機からシェアを奪う想定という独自のシミュレーションに基づくとしている。[注23]しかしその詳細は公開されておらず、関連の情報から勘案するとかなり甘い見通しとなっていると思われる。これに基づいて同図に示す○の経常利益を予測しているが、それでも名古屋開業時点では経常収支がゼロぎりぎりまで落ち込む。これは名古屋開業が予定される二〇二七年（予定）までは、建設費が投入される一方でまだ収益が入らないからである。旧国鉄から引き継いだ長期債務を償還しつつ、現東海道新幹線の利益をリニア中央新幹線に投入して事業を遂行するという計画に基づいた試算であるが、楽観的に過ぎると思われる同資料でさえも名古屋開業直後で金利が○・七五％上昇するか、長期債務が一兆円増加すれば配当が困難になる危険ラインに到達すると推定している。前述の東北新幹線・上越新幹線のように事業費が数倍に膨張すれば、長期債務の一兆円増加はただちに現実化するであろう。建設費や金利のわずかな条件の変動でも経常赤字に転落する可能性がある。また運輸収入が期待どおりに伸びず現状の横ばいを続けたとして試算すると、●のように経常赤字に転落する可能性はさらに高まる。「小委員会」はこれも勘案した上で答申を行ったはずだが、どのように責任をとるのだろうか。

ＪＲ東海の主張するところによれば、建設費の増大・工事遅延・金利上昇・経済停滞などのリスク要因に対しては、状況に応じて工事のペースを落として長期債務を縮減し企業体力を回復しながら対処するとしている。しかしそうなれば、リニアによる収入が先送りになる（その間は現東海道新幹線の収益に依存する）一方で、建設費調達のための借入金の金利負担をしなければならず、このことは必然的に収

図27 運輸収入と経常利益の予測

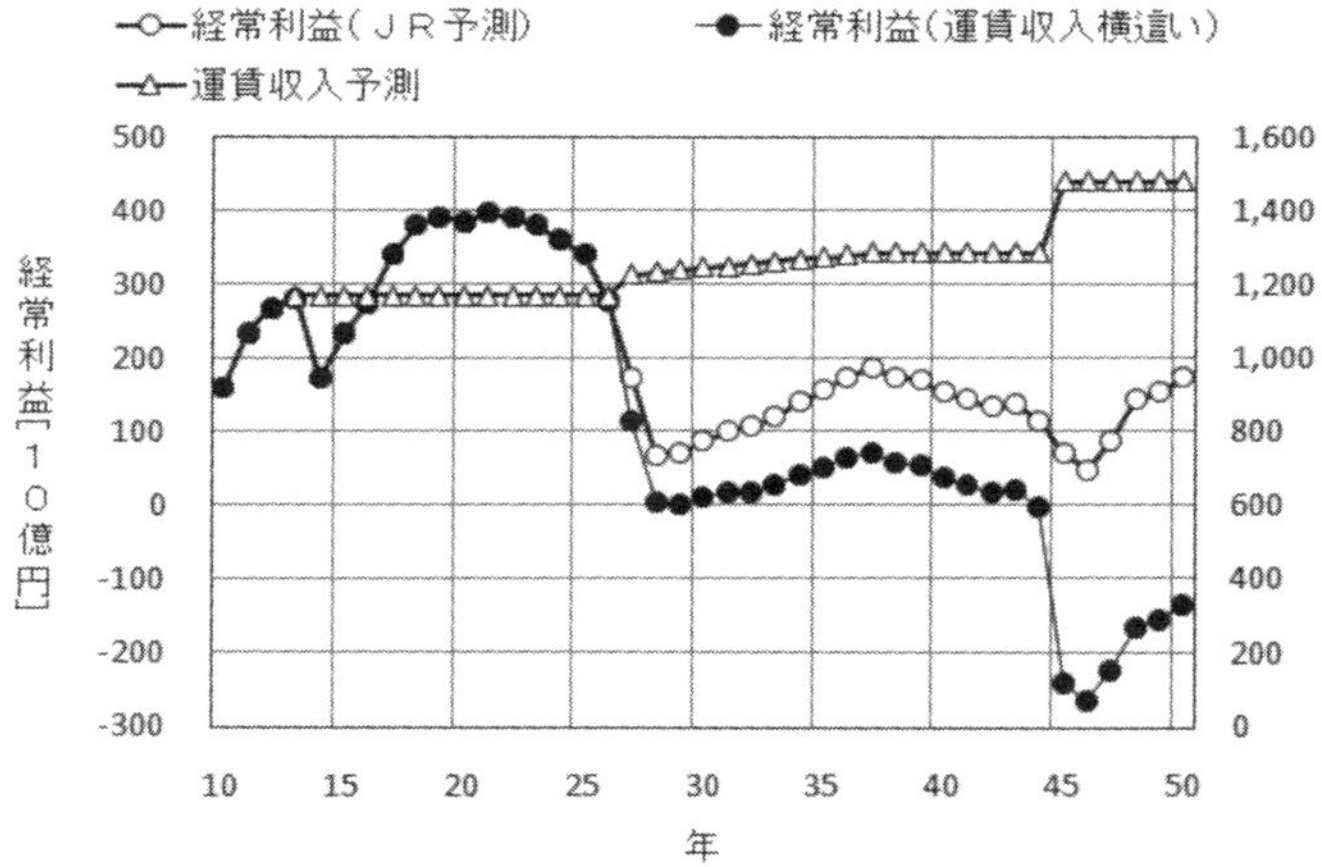

支見通しに影響を与える。JR東海の単独事業のはずが、二〇一六年八月に政府は大阪開業前倒しのために一兆五〇〇〇億円の財政投融資の投入を決定し、早くも政治の介入が始まっている。

リニアによる環境影響

JR東海の「環境報告書」では、東京〜大阪間で東海道新幹線と航空機を比較した場合、一座席あたりエネルギー消費量は航空機の約八分の一、CO_2排出量は同じく約一二分の一などとしている。[注24] このCO_2排出量は二〇一一年三月の福島原発事故以前の原発稼働状態の数値で試算していると思われるが、東京〜大阪間で一座席あたり四・二kgとしている。これに対して原発なしの数値に補正すると六・〇kgとなる。

同「環境報告書」ではリニアについての試算は示していないが、各種の報告から推定すると一座席あたり現在の東海道新幹線の約三倍程度に増加すると考えられる。[注25] ＪＲ東海ではこれでもなお航空よりは省エネルギー（省CO_2）と説明している。航空機とリニア（大阪開業時の想定）の比較では、双方の搭乗率を五〇％と設定すれば、東京〜大阪間の一人の移動に対してリニアのほうが六四kgのCO_2排出量の低減になる。これよりかりに東京〜大阪間の航空機の利用者がすべてリニアに移行したとすると、年間二五万トンのCO_2排出が節減されることになる。

しかしここで東京〜大阪間で建設費九兆円と見込まれる膨大な建設工事に伴って発生するCO_2を考慮すると評価は一変する。原材料として使用されるセメント・鉄鋼その他の資材の製造に伴うCO_2や、資材輸送の車両・機械など派生的なCO_2排出を考慮する必要がある。国立環境研究所のデータベース[注26]では、土木工事の建設額[注27]あたりのCO_2排出誘発量が推定されている。それを用いて計算すると建設費九兆円に対応するCO_2排出誘発量は三四八〇万トンと推定される。すなわち年間二五万トンのCO_2排出の節減の裏では工事全体で三四八〇万トンのCO_2が増加するから、それを埋め合わせるには一四〇年以上かかることになる。

またＪＲ東海のリニア事業に関する「環境影響評価書（環境アセス）」の沿線（東京都〜愛知県）各都県のデータによれば、たとえば工事六年目において、機材・資材・残土運搬の車両が年間一八九万台走行すると想定されている。すなわち工事箇所の周辺はもとより残土運搬の車両（いわゆるダンプカー）が広範囲を走行することになり、これに起因する大気汚染・騒音・交通事故等の影響は大きい。ＪＲ東海のアセスではいずれも現状（工事前）に対して大きな影響はないとしているが、現時点（二〇一五年）で残土の処理方法（埋め立て、他の工事に転用など）が未定であるために運搬車両の走行ルートも未定という前提での評価であり、ＪＲ東海の説明は信頼性が乏しい。

関連都県全体で年間に地球を五四〇〇周するに相当する工事車両が走行すると推定される。さらに都県別にみると、トンネル工事や小規模の中間駅だけの途中県よりも、大きな地下駅や関連設備を建設しなければならない大都市圏のほうが関連車両の通行が多くなる。リニア工事の影響を受けるのは工事箇所周辺だけではなく都市圏全体に及ぶ。筆者の試算では大気汚染に関して重大な影響が予想される。排気ガスの排出量の増加によって沿線の大気汚染濃度がどれだけ増加するかは詳細なシミュレーションを行う必要があるが、運搬車両の走行ルートが未定ではその意味がないので、周辺の大気汚染濃度の変化を概略的に予測する方法として市川陽一氏らの報告[注28]を利用する。次に大気汚染濃度に対してどれだけ沿線住民の健康被害が生じるかを推定する方法として坂本将吾氏らの報告[注29]を利用する。残土輸送車両の走行距離として、一般的な機材・資材や廃棄物の輸送距離と同じと仮定して試算すると、リニア事業によって毎年七五〇〇名の呼吸器障害が新たに発生すると予想される。なおリニア事業に伴う環境への影響は、この他にも電磁波・残土・地下水・自然環境・景観破壊など数多く指摘されているが、本書では詳細に取り上げられないので関連の書籍[注30]を参照していただきたい。

リニア建設より新幹線値下げと在来線改善を

リニアで東京～名古屋が通勤圏になるとの期待もみられるが[注31]愚の骨頂であろう。表８に示すように東京駅（品川駅）～名古屋駅間が四〇分とされるが、駅間を移動するだけで用が足りる人はいない。前後のアクセスや乗り換えを考えると実質の時間短縮効果は乏しい。またその時間短縮効果の恩恵を受ける利用者は全体のごくわずかであり、かりにリニアを通勤専用に使用したとしても輸送量は首都圏全体の通勤者の〇・一％以下にしかならない。ＪＲ東海では現在の東海道新幹線に対して東京駅～浜松駅まで「ＦＲＥＸ」という新幹線通勤定期券を発売しているが、その割引率と同じと仮定して計算すると、リニアの定期代は年間で約三〇〇万円の額となる。それだけの通勤費を支給する企業あるいは自己負担が可能な利用者はごく例外的だろう。

リニア新幹線事業の実施や債務返済は現新幹線の収益を基盤として計画されている。それならばリニア新幹線の建設の代わりに現新幹線を値下げしたほうが利用者に対する便益が大きいはずである。現東海道新幹線とリニア新幹線の所要時間の比較は次の表８のようになる。ただしリニア新幹線は第一段階（二〇二五年）では東京（品川駅）～名古屋駅までの開業、第二段階（二〇四五年）で新大阪駅（予定）までの開業となるため、二〇四五年までは東京（品川駅）～新大阪駅までの実質的な所要時間としては名古屋駅で現新幹線に乗り継ぐための移動時間と待ち時間を加えて評価する必要がある。

ただし利用者の全員が東京駅～新大阪駅間を利用するのではなく、ＪＲ東海の事業報告書[注33]によると、現東海道新幹線の実績では利用者一人あたりの平均輸送距離は約三三〇km程度、すなわち東京～名古屋間に相当する距離である。この前提で前述（第１章）のように「鉄道プロジェクトの評価手法マニュアル（二〇一二年改訂版）[注34]」に従って試算してみる。ただし環境改善便益（地球温暖化、大気汚染、騒音）など現時点では数量的に評価が困難な項目は除き、表９のような前提で試算する。

表8　現新幹線とリニア新幹線の所要時間の比較

		現新幹線	リニア新幹線（品川駅発着）
2045年（名古屋開業時）	東京駅〜名古屋駅	1時間34分	40分
	東京駅〜新大阪駅	2時間22分	1時間48分[注32]
2045年（新大阪開業時）	東京駅〜名古屋駅	1時間34分	40分
	東京駅〜新大阪駅	2時間22分	1時間07分

表9　新幹線値下げケースの試算の前提

年間利用者数予測	ＪＲ東海では「超電導リニアによる中央新幹線の実現について」で輸送量の将来予測を示している[注35]。これより利用者数を推定
費用節減便益	現状の東海道新幹線より30％値下げと仮定
事業者収益	前項の値下げ分が減収となる
リニア建設投資額	年度ごとの建設投資額は公開されていないが前述ＪＲ東海資料より推定
新幹線のメンテナンス	前述ＪＲ東海資料より推定（年間1500億円）。ただしリニア新幹線が開業しても現新幹線も並行して存続されるので維持改良費をゼロにはできず、その比率は現新幹線の３分の１とした。

表10　リニア建設ケースと東海道新幹線値下げケースの費用・便益比較

リニアを建設したケース		
利用者の便益	金額に換算した時間の短縮効果	3兆5280億円
事業者の損失（費用）	リニアの建設費	4兆3270億円
	東海道新幹線（残存部分）の維持更新費	1兆0120億円
リニアを建設せず東海道新幹線を30％値下げのケース		
利用者の便益	値下げによる負担の軽減	7兆4260億円
利用者の損失	時間短縮効果が失われる分	3兆5280億円
事業者の損失（費用）	値下げ分の減収	7兆4260億円
	東海道新幹線の維持更新費	3兆3720億円

以上の諸条件を設定して、二〇一三年を起点として五〇年間の累積で評価した要約を次の表10に示す。すなわち利用者にとっては、リニア新幹線を建設せず現新幹線の値下げをすればその分が七兆四二六〇億円の便益（料金値下げ分）になるが、逆にJR東海にとっては減収（損失）に相当する。一方でリニアによる時間短縮がなされない分で利用者側では三兆八九八〇億円に相当する利益の機会を失うが、差し引きでは三兆八九八〇億円のプラスとなる。またJR東海にとっては、リニア新幹線を建設しなければ建設費の四兆三二七〇億円が不要となり、現新幹線の維持更新のみが費用となる。これらの差し引きを総合的に評価すれば、リニア新幹線を建設せずに東海道新幹線を値下げしたほうが社会全体としては便益が大きいと評価できる。

またリニア新幹線の年間利用者数は、かなり楽観的な想定においても二〇四五年の大阪開業時点で年間一億〇五〇〇万人とされる。[注36]これに対して前述のように三大都市圏における一般の鉄道の年間利用者数は、東京都市圏で七三億二〇〇〇万人、京阪神都市圏で二四億八〇〇〇万人、中京都市圏で六億六〇〇〇万人というように一〇〇億人の桁に達し、さらに全国では約二〇〇億人以上が鉄道を利用している。全体の一％に満たない利用者が東京〜大阪間を一時間で移動する便益よりも、その他の多くの利用者の経済性・快適性・利便性を向上するほうが社会的な便益がはるかに大きいのではないだろうか。なおJR東海は首都圏（JR東日本）・京阪神圏（JR西日本）の在来線とは関係ない事業者だから、リニア建設と首都圏・京阪神圏の混雑とを関連づけて論じる必要はないという指摘もあるだろう。しかしそもそも国鉄を分割して各々の事業者を独立採算で運営するという枠組みそのものが、首都圏・京阪神圏の在来線の混雑を解消できない理由でもあり、利用者に多大な損失をもたらしたのであるから、改めて日本の鉄道全体の枠組みを考えなおす契機とすべきではないだろうか。

図28　リニア経済効果の地域別帰属

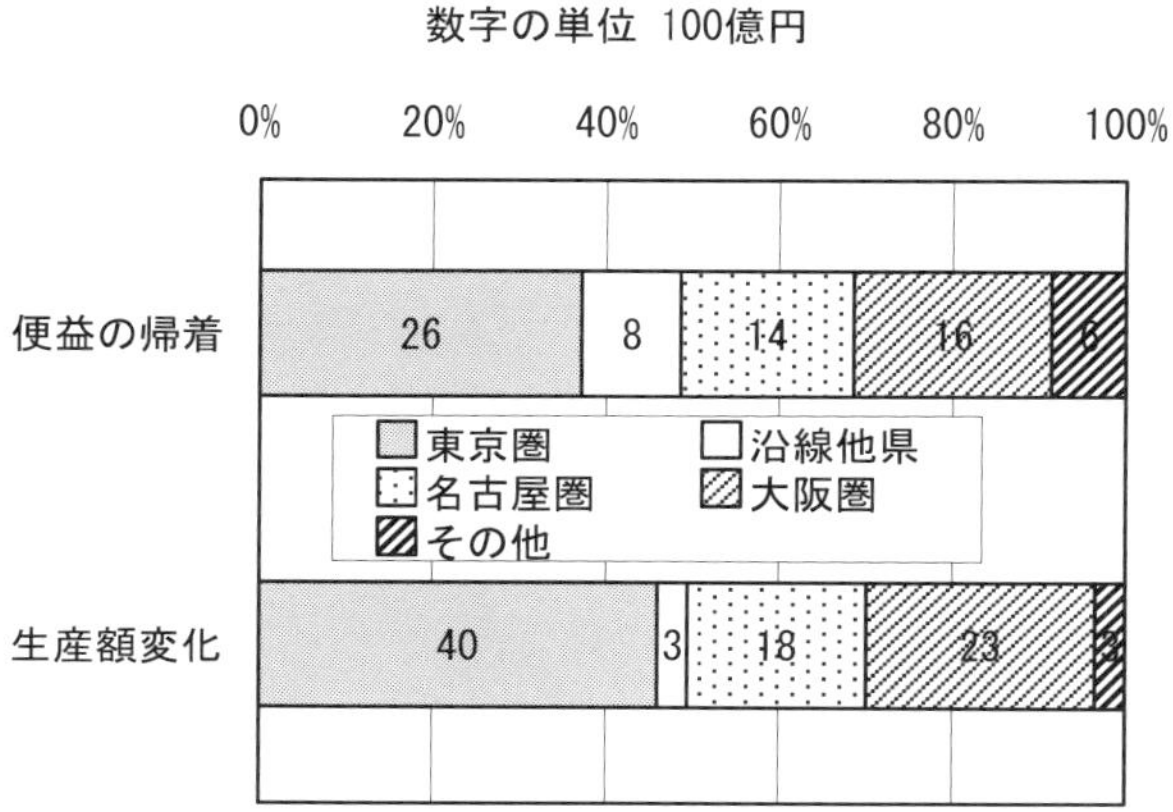

便益は地方に回らず

リニア新幹線は東京と名古屋・大阪の直行系統が優先のため、現在「のぞみ」の全列車が停車している新横浜・京都・新神戸ではダイヤ設定によっては逆に所要時間の増加と利便性の低下につながる。地域間交流の促進につながるかどうかは疑問であり、むしろストロー現象が懸念される。リニア事業による経済効果はたしかに日本全体としては期待できるかもしれないが、地域的にどのように分配（帰属）されるかを慎重に評価する必要がある。「中央新幹線小委員会」の試算資料[注37]によっても、経済効果は東京圏・名古屋圏・大阪圏[注38]が中心であり、途中県に帰属する便益は必ずしも大きくない。

小委員会では「空間的応用一般均衡モデルによる経済効果分析」を適用して、需要予測モデルの基本ケース（二

○四五年大阪開業・経済成長率一％・高速道路料金現状）の条件で、地域（ブロック）別の帰着便益・生産額変化を推定している。図28にみられるように、便益の帰着・生産額変化は三大都市圏が主であり、中間県の山梨・長野に帰属する割合は低い。過大な期待はリスクが大きいであろう。また生産額すなわち経済機能が国内で三大都市圏、中でも東京圏に集積することはむしろ災害時の脆弱性を増すことにもつながり、リニア新幹線整備の趣旨の一つとして提示されている「災害時の代替ルート」とも矛盾する。

藻谷浩介氏（地域経済）は「岐阜羽島や米原、三河安城［註・現東海道新幹線］などに代表される駅周辺区画整理には経済的な成功例はないし、新横浜や新大阪の周辺が地域の都市的な拠点に育ったという事実もない。駅周辺に商業集積の進んだ佐久平［註・北陸新幹線］ですら、市全体の小売販売額はほぼ横ばいで、床効率は四割以上の低下という結果に終わっている。全国の事実に学び、駅が郊外地に設置された場合には、周辺での大規模区画整理や過度の都市機能整備は行うべきではない。駅が郊外に設置された場合の周辺開発は、交通施設を中心に、最低限の整備に止めるべきである。中央新幹線を旧態依然の土地投機の具としてはならない」と指摘している。[注39] 東京（品川）・名古屋・新大阪以外の中間駅では、沿線自治体の目論見とJR東海の方針が乖離している。公表されている中間駅予定地は、神奈川県駅が相模原市橋本駅付近、山梨県駅が甲府市大津町付近、長野県駅飯田市上郷飯沼付近、岐阜県駅が中津川市千旦林付近であるが、いずれも中心市街地と離れており在来線の駅との接続も良くない。二〇〇七年にJR東海は東京〜名古屋間をリニア方式で全額自己負担の建設を公表したが、中間駅は地元負担とした。次いで二〇〇九年にJR東海は地上駅三五〇億円、地下駅二二〇〇億円（一駅あたりの概算）とする試算を公表した。[注40] その後、二〇一一年になると中間駅地元負担に対する反発による事業の遅滞を回避するため、中間駅についてもJR東海は自己負担を提示した。一方で二〇一三年には、コスト削減のため最低限の設備とした中間駅イメージを公表した。事前予約・電子乗車券を前提として切符売り場を設けず、営業社員を配置せず、待合室もなく売店も設けない方式が提示された[注41]。

またJR東海は開業時のダイヤについて確定した情報は提示していないが、二〇一三年五月〜七月における地元説明会での質問に対する回答として、一時間あたり片道最大八本（速達列車型七本、各駅停車型一本）と想定している[注42]。ところが沿線自治体ではこれと異なり、独自に毎時三本との想定を設けて経済効果等を試算している例[注43]もある。当然ながら、中間駅停車本数を増やせば中間駅における利用者数は増加する予測となる。引用した試算例では、毎時一本停車ならば神奈川県駅（現・橋本駅付近）における年間の利用者数の予測は二三五万人のところ、毎時三本停車ならば七一三万人としている。このように想定によって大きなばらつきがあり、仮に新駅に商業施設等を設けるとすれば、その利用者数予測にも大きな影響を与えるが、過大な利用者数を見込んで設備投資を行えば供用後に関連商業者等の経営破綻を招きかねない。このように中間駅における需要予測の実効性は不明である。

また事前予約・電子乗車券を前提として切符売り場を設けないという方式は、大都市圏よりも電子乗車方式の普及度が低い地方都市圏において、現場でトラブルが発生する可能性が高い。安全性の観点から自由席を設けない点はやむをえないとしても、岐阜県駅予定のJR東海・美乃坂本駅を除いては現時点でもICカード非対応駅であり、地域住民に自動改札や電子乗車の習慣が普及していないと考えられるので、営業駅員も配置しない電子乗車にはトラブルが予想される。要するにJRとして中間駅軽視の発想が歴然としている。

リニア新幹線そのものに乗車している時間は現行新幹線に比べてたしかに短縮されるが、利用者はリニアの駅間を移動するだけでは目的を達せず、真の出発地から到着地まで、駅とのアクセス時間も加えた総所要時間で評価する必要がある。たとえば神奈川県内からの利用の例として、神奈川県庁から大阪府庁まで用務で移動すると想定する。想定されるリニア神奈川県駅（ＪＲ東日本の現・橋本駅）からリニア大阪府駅（ＪＲ東海の現・新大阪駅）での駅間の所要時間（各駅停車タイプ）は一〇三分と想定されているものの、前後の在来線や地下鉄によるアプローチ時間を加えると、総所要時間は現新幹線利用で一九八分、リニア新幹線利用で一九六分（リニア各駅に停車する列車パターンで、待ち合わせや乗り換え時間を前後一〇分と想定）となる。在来線や地下鉄の所要時間は現在と比べて大きく短縮される可能性はないので、総所要時間に関してはほとんど短縮効果がない。これは一九六四年に東海道在来線に対して新幹線が開業した際の劇的な短縮効果とは全く異なる。リニア新幹線が開業した場合、既存の東海道新幹線の運転本数が大幅に削減されるであろうから、利用者がやむを得ずリニア新幹線にシフトするという意味での利用効果に過ぎないと予想される。

ＪＲ東海の資料では「高速道路が南北を縦断する長野県においては、県南部が超電導リニアにより東京、名古屋、大阪と最短で結ばれることとなれば、そこを結節点として高速道路と連携することにより県北部及び中部に観光客を誘致するという、これまでなかった形での観光開発の可能性を拓くこととなる」[注44]としているが、各中間駅は最寄りの在来線の駅はもとより高速道路インターチェンジからも数km離れており、リニア新幹線の利用者は別途交通手段が必要となり、結節点とは言い難い。

これらの多くの問題を背景に、二〇一六年五月にはリニア新幹線の経路にあたる一都六県の住民七三八人が、国土交通省の事業認可取り消しを求めて東京地裁に提訴した。

注

1 吉村寛・吉越三郎『信号（改訂増補一六版）』交友社、五七七頁、一九八四年。
2 http://www.mlit.go.jp/policy/shingikai/tetsudo01_sg_000064.html
3 超電導磁気浮上式鉄道実用技術評価委員会「最新の技術開発状況に関する実用技術評価のとりまとめについて」二〇〇九年七月二八日。
http://www.mlit.go.jp/report/press/tetsudo07_hh_000020.html
4 東京外郭環状道路の今後の新設部分ができれば交通施設としては最初の大深度地下構造の事例になる予定である。
5 正式名称は「大深度地下の公共的使用に関する特別措置法」で、一般に地下四〇m以深において公共の利益となる事業が円滑に実施されるように各種の手続きを定めた法律である。
http://law.e-gov.go.jp/htmldata/H12/H12HO087.html
6 http://www.bousai.metro.tokyo.jp/japanese/tmg/assumption.html
7 http://www.bousai.metro.tokyo.jp/japanese/tmg/assumption_nankai.html
8 http://www.pref.aichi.jp/0000061749.html
9 JR東海「平成二四年（五月～六月）、平成二五年（五月～七月）説明会における主なご質問」。
http://company.jr-central.co.jp/company/others/assessment/faq/q12.html
10 JR東海「中央新幹線（東京都・名古屋市間）環境影響評価書（長野県）」のうち「縦断計画」。
http://company.jr-central.co.jp/company/others/assessment/document/nagano/n_shiryou.html
11 JR東海「地震、火災等の異常時への対応」。
http://company.jr-central.co.jp/company/others/assessment/library.html
12 国土交通省鉄道局「技術事項に関する検討について」二〇一〇年四月一五日。

http://www.mlit.go.jp/common/000112485.pdf

13 鉄道総合技術研究所編『ここまで来た！超電導リニアモーターカー』交通新聞社、二〇〇六年、二九頁。

14 運輸省『昭和四六年度運輸経済年次報告』一九七〇年、一五一頁。

15 国土交通省『平成一三年度国土交通白書』二〇〇二年、二七五頁。

16 超電導磁気浮上式鉄道実用技術評価委員会「超電導磁気浮上式鉄道実用技術評価」二〇〇九年七月、五一頁。

17 国土交通省『平成二二年度国土交通白書』二〇一一年、一六一頁。

18 交通政策審議会陸上交通分科会鉄道部会中央新幹線小委員会「中央新幹線の営業主体及び建設主体の指名並びに整備計画の決定について」答申、平成二三年五月一二日、八頁。

19 大成建設・銭高組・佐藤建設のＪＶ（企業共同体）での受注。

20 「それでもリニアには参画しない！」『週刊プレＮｅｗｓ』二〇一五年一二月二八日号。

21 藻谷浩介「第六回中央新幹線小委員会有識者ヒアリング回答事項」二〇一〇年七月。

http://www.mlit.go.jp/common/000120932.pdf

22 http://www.mlit.go.jp/common/000114078.pdf

23 第三回「中央新幹線小委員会」資料、東海旅客鉄道株式会社「超電導リニアによる中央新幹線の実現について」二〇一〇年五月。

http://www.mlit.go.jp/policy/shingikai/tetsudo01_sg_000067.html

24 ＪＲ東海「環境報告書」http://company.jr-central.co.jp/ir/annualreport/index.html

25 相原直樹・辻村太郎「東海道新幹線のＬＣＡ手法による環境負荷の基礎的研究」『鉄道総研報告』一〇巻一〇号、一三頁、二〇〇二年。なお「最高速度の2乗に比例して所要電力が増加する」との試算があるが、これは過大評価である。

26 国立環境研究所「産業連関表による環境負荷原単位データブック（３ＥＩＤ）」。

http://www.cger.nies.go.jp/publications/report/d031/jpn/page/data_file.htm

27 具体的にリニア工事を想定した試算ではないが一般的な土木建設工事の数値である。

28 市川陽一・吉田葵「環境アセスメントにおける大気質の簡便予測手法の開発」『環境技術』四一巻一〇号、六二〇頁、二〇一二年。

29 坂本将吾・澁谷怜史・廣田恵子・鹿島茂「大気汚染の累積的・複合的な影響を考慮した曝露反応関数の検討」

『環境情報科学・学術研究論文集』二六巻、七三頁、二〇一二年。

30 リニア・市民ネット編著『危ないリニア新幹線』緑風出版、二〇一三年。

31 『産経ニュース』Ｗｅｂ版「名古屋、大阪も通勤圏内に リニア品川駅起工式」二〇一六年一月二七日。
http://www.sankei.com/life/news/160127/lif1601270039-n1.html

32 http://trafficnews.jp/post/36801/
具体的な乗り継ぎダイヤはまだＪＲ東海から公表されていないので、あくまで想定である。

33 http://company.jr-central.co.jp/ir/factsheets/

34 「鉄道プロジェクトの評価手法マニュアル（二〇一二年改訂版）」。
http://www.mlit.go.jp/tetudo/tetudo_fr1_000040.html

35 第三回「中央新幹線小委員会」資料、東海旅客鉄道株式会社「超電導リニアによる中央新幹線の実現について」二〇一〇年五月一〇日。
http://www.mlit.go.jp/policy/shingikai/tetsudo01_sg_000067.html

36 第九回「中央新幹線小委員会」資料、「費用対効果分析等の調査結果について」二〇一〇年一〇月二〇日。
http://www.mlit.go.jp/report/press/tetsudo03_hh_000015.html

37 「中央新幹線小委員会」第九回配布資料。
http://www.mlit.go.jp/policy/shingikai/tetsudo01_sg_000086.html

38 東京圏とは茨城・埼玉・千葉・東京・神奈川、沿線他県とは山梨・長野、名古屋圏とは静岡・岐阜・愛知・三重、大阪圏：滋賀・京都・奈良・和歌山・大阪・兵庫を指す。但しＪＲ東海の需要予測では滋賀・和歌山は考慮なし。

39 http://www.mlit.go.jp/policy/shingikai/tetsudo01_sg_000077.html

40 http://jr-central.co.jp/news/release/nws000433.html

41 http://company.jr-central.co.jp/company/others/info_35.html

42 http://company.jr-central.co.jp/company/others/assessment/faq/q19.html

43 三菱総合研究所「平成二三年度リニア中央新幹線検討調査業務委託報告書」二〇一二年三月。

44 前出35「超電導リニアによる中央新幹線の実現について」。

あとがき

最近「日本の技術や文化を世界が称賛している」という言説が盛んであるが、虚勢を張るのは自信がない証拠ではないだろうか。日本の技術は「世界一」というよりも「世界唯一」と評価すべきであろう。日本の社会環境や文化の下では合理性がある技術や文化であっても、海外に持ち出す普遍性があるとは限らない。いわゆる「ガラパゴス」である。現代の鉄道の問題を考えるとき、日本に初めて鉄道が導入された明治時代からの歴史を振り返るといくつかの興味深い論点が見出せる。一八七二(明治五)年に新橋~横浜間で日本最初の鉄道営業が開始されたが、翌一八七三(明治六)年には徴兵令が陸軍省から発布されている。日本における近代的な交通機関と軍隊制度のスタートはほぼ同時であるが、もとよりこれは偶然ではなく日本が近代的な国家体制を構築してゆく過程で必要とされた社会的なインフラであった。

その後の日本の鉄道は、一八九〇年代後半から軍事上の要請による軍部の協力もあって急速にネットワークを拡大し、一九二〇年代には現在の全国幹線ネットワークに匹敵するレベルにまで達するとともに、大都市では民鉄や地下鉄も整備された。またスピードアップや車両・座席の改善などサービスレベルの面でも向上している。しかし一九三〇年代になると戦争の遂行のため「質より量」に転換せざるをえず、その後は疲弊してゆくことになる。
鉄道にせよ軍事技術にせよ、日本におけるこれらのシステムの導入に際して特徴的な経緯は、これらの科学技術の利用が欧米の技術や運営方式の輸入・模倣から始まったことである。いわゆる「お雇い外国人」の登用はよく知られており、その数は全期間を通じて様々な分野・職種にわたって延べ八〇〇〇人以上に及んだ。お雇い外国人の中には、最初から日本を後進国とみなして蔑視する態度をとる者もいた反面で、真摯な態度で執務する者も多く、初期の日本の鉄道は後者に属する外国人の貢献によって創業した。エドモンド・モレル（一八七〇年着任）、ジョセフ・ユリー・クロフォード（一八七九年着任）、ヘルマン・ルムシュッテル（一八八七年着任）らである。
分野は異なるがお雇い外国人の一人であるエルウィン・フォン・ベルツ（東京医学校、後の東京大学医学部教員）は二七年間滞在した親日家であり日本人女性と結婚している。一方で日本人に対して冷静な分析を加えており、日本人が西洋の科学技術を取り入れてゆく過程について「日本人は西洋の近代科学の成果を取り入れることには熱心であるが、その根本にある思想や精神を学ぼうとしない」という意味の批評を加えている。また「日本人は科学技術を単なる道具のように捉えているが、その背景にある思想と切り離して活用することはできない」とも指摘している。その結果、さらなる自発的な発展が妨げられているとも述べている。[注1]
筆者が初めてドイツを訪れた際に強い印象を受けたのは、ドイツの紙幣（ＥＵ発足前）に数学者ガウスの肖像が用いられていたことである。数学・物理学など多岐にわたるガウスの業績は、いま我々が日常生活に不可欠としているほとんどのテクノロジー、たとえば電気・電話・自動車などの基礎となる科学であり、それがなければ実現しなかったか、または実用化が遅れていたであろう。しかし日本にガウスは出現しなかった。ガウスだけではなく、ボルタ、アンペール、オーム、ヘルツといった基礎科学の創始者も現れなかった。日本独自の数学として「和算」を挙げる者がいるだろうが、文化としては貴重であっても現代生活に不可欠なテクノロジーへの貢献はない。日本の大学における理工系の基礎課程で和算を教えているだろうか。ガウスに象徴される一連の基礎科学は世界的に通用する普遍性があった。筆者が民間企業の技術者として欧米の技術者と、あるいは欧米流の理工学教育を受けた途上国の技術者と共に仕事をした際にこのことを痛感した。[注2]

改めて指摘するまでもなく、日本は大規模な対外戦争に挑んだが壊滅的な被害を蒙って敗戦を迎えた。当時の世界的な水準を超える一点豪華的な装備・兵器はいくつか存在したが、基本的な兵站を軽視し、一般兵士の装備は劣悪であり、個人用の武器・弾薬はもとより食料にも事欠く状態であった。本書の第3章でもふれたように、ＩＣカードと高機能の自動改札システムを設置しながら、降りる駅には設備がなく多大な手間をかけて人手で処理しなければならない状態が今も続いている。両者には共通の背景がある。毎日同じ鉄道の利用でも、関心を持って観察すれば日本の社会に関する興味深い問題が数多く見つかると思う。本書が多少なりともその参考になれば幸いである。なお今回も緑風出版の高須次郎氏には本書の実現にご尽力いただき、多くの貴重な指摘をいただいた。末尾ながら改めてお礼を申し上げたい。

注

1　トク・ベルツ編、菅沼竜太郎訳『ベルツの日記（上）』岩波文庫三三―四二六―一、一九七九年、二三九頁。一九〇一年の在職二五年記念講演における発言。

2　電池を発明したアレッサンドロ・ボルタ（イタリア）、電磁気学の基礎を築いたアンドレ＝マリ・アンペール（フランス）、電気回路の解析を確立したゲオルク・オーム（ドイツ）、電磁気学に重要な貢献を果たしたハインリヒ・ヘルツ（ドイツ）など。これらの科学者の業績は、現在も電気・通信に関する基礎的な単位として伝えられている。

［著者略歴］

上岡直見（かみおか　なおみ）
1953年 東京都生まれ
環境経済研究所 代表
1977年 早稲田大学大学院修士課程修了
技術士（化学部門）
1977年～2000年 化学プラントの設計・安全性評価に従事
2002年より法政大学非常勤講師（環境政策）

著書
『乗客の書いた交通論』（北斗出版、1994年）、『クルマの不経済学』（北斗出版、1996年）、『地球はクルマに耐えられるか』（北斗出版、2000年）、『自動車にいくらかかっているか』（コモンズ、2002年）、『持続可能な交通へ―シナリオ・政策・運動』（緑風出版、2003年）、『市民のための道路学』（緑風出版、2004年）、『脱・道路の時代』（コモンズ、2007年）、『道草のできるまちづくり（仙田満・上岡直見編）』（学芸出版社、2009年）、『高速無料化が日本を壊す』（コモンズ、2010年）、『脱原発の市民戦略（共著）』（緑風出版、2012年）、『原発も温暖化もない未来を創る（共著）』（コモンズ、2012年）、写真集『水と鉄道』（光村印刷、2012年）、『日本を壊す国土強靭化』（緑風出版、2013年）、『原発避難計画の検証』（合同出版、2014年）

鉄道《てつどう》は誰《だれ》のものか

2016 年 7 月 5 日　初版第 1 刷発行　　　　定価 2500 円 + 税
2016 年 9 月 10 日　初版第 2 刷発行
2017 年 5 月 15 日　初版第 3 刷発行

著　者　上岡直見 ©
発行者　高須次郎
発行所　緑風出版
〒 113-0033　東京都文京区本郷 2-17-5　ツイン壱岐坂
［電話］03-3812-9420　［FAX］03-3812-7262［郵便振替］00100-9-30776
［E-mail］info@ryokufu.com［URL］http://www.ryokufu.com/

装　幀　斎藤あかね
制　作　R 企 画　　　印　刷　中央精版印刷・巣鴨美術印刷
製　本　中央精版印刷　用　紙　大宝紙業・中央精版印刷　　E500

ISBN978-4-8461-1610-1　C0036